农产品地理标志
海青茶

徐洪海　丁立孝　主编

化学工业出版社
·北京·

内容简介

本书以农产品地理标志海青茶的发展历史、茶叶品质与品鉴、栽培与加工技术、地理标志农产品的申报登记与保护、海青茶新品种选育与推广、海青茶全产业链标准综合体构建、数字海青茶产加销一体化建设等为主要内容进行编写，力求科学性与科普性相结合，地理标志农产品的保护传承与创新发展相结合，助力现代农业发展与乡村振兴。

本书可以作为从事茶叶技术研究和推广的工作人员的参考用书，也可以作为相关专业的培训教材，以及供从事茶叶教学的科研人员、茶叶爱好者参考。

图书在版编目（CIP）数据

农产品地理标志. 海青茶/徐洪海，丁立孝主编. —北京：化学工业出版社，2023.8
ISBN 978-7-122-43590-3

Ⅰ.①农… Ⅱ.①徐… ②丁… Ⅲ.①农产品-地理-标志-中国②茶叶-农产品-地理-标志-青岛 Ⅳ.①F762.05

中国国家版本馆CIP数据核字（2023）第098789号

责任编辑：张雨璐　迟　蕾　李植峰
文字编辑：谢晓馨　刘　璐
责任校对：张茜越
装帧设计：张　辉

出版发行：化学工业出版社
　　　　　（北京市东城区青年湖南街13号　邮政编码100011）
印　　装：天津图文方嘉印刷有限公司
710mm×1000mm　1/16　印张15$\frac{1}{2}$　字数194　千字
2023年8月北京第1版第1次印刷

购书咨询：010-64518888　　　售后服务：010-64518899
网　　址：http://www.cip.com.cn
凡购买本书，如有缺损质量问题，本社销售中心负责调换。

定　　价：98.00元　　　　　　　　　　　　版权所有　违者必究

《农产品地理标志　海青茶》编写人员

主　编　　　　徐洪海　青岛市黄岛区农业农村局
　　　　　　　丁立孝　日照职业技术学院

副主编　　　　王明刚　青岛西海岸新区职业中等专业学校
　　　　　　　梁　青　日照职业技术学院
　　　　　　　逄　安　青岛市黄岛区农业农村局
　　　　　　　李　杰　青岛西海岸新区公共就业和人才服务中心
　　　　　　　丁　艳　中国检验认证集团山东检测有限公司

参　编　　　　王同雨　青岛市黄岛区农业农村局
（按姓名笔画顺序排列）　王善荣　青岛市黄岛区农业农村局
　　　　　　　王照波　青岛市黄岛区海青镇人民政府
　　　　　　　刘爱玲　青岛市黄岛区农业农村局
　　　　　　　李　娟　青岛市黄岛区张家楼街道办事处
　　　　　　　杨晓群　青岛市黄岛区海青镇人民政府
　　　　　　　张　莉　青岛农业大学海都学院
　　　　　　　张　澜　日照市质量检验检测研究院
　　　　　　　张续周　青岛职业技术学院
　　　　　　　陈　真　青岛市黄岛区农业农村局
　　　　　　　林　静　日照市质量检验检测研究院
　　　　　　　秦绪君　日照市岚山区巨峰镇农业综合服务中心
　　　　　　　徐念均　青岛市黄岛区滨海街道办事处
　　　　　　　唐淯桓　日照职业技术学院
　　　　　　　韩燕红　青岛市黄岛区农业农村局
　　　　　　　滕召会　青岛市黄岛区海青镇人民政府

前 言

茶业是青岛西海岸新区一大特色产业。海青镇是青岛西海岸新区茶树种植主产区，其茶业发展可追溯到20世纪50年代，为响应山东省委、省政府"南茶北引"战略号召，海青镇尝试引种茶树，克服重重困难，付出艰辛努力，让南方茶在北方海青扎根生芽。"海青茶"成为"南茶北引"的成功典范，打破了北纬35°以北不能种茶的农业谶语，是我国茶树种植史上的突破。

天赐山水育北茶海青，地标保护扬品茗味道。历经60多年的不懈努力，海青茶已发展成为全国纬度最高、区域面积最大的江北优质茶。海青镇的自然生态环境、气候条件和地理位置，造就和孕育了"叶片厚，耐冲泡，黄绿汤，栗子香"的特质海青茶，海青茶富含人体不可缺少的17种氨基酸和24种微量元素，具有较高的营养和保健价值。海青茶品牌在国际和国内名优特农产品展示展销会上广获赞誉与好评，外向度和市场占有率愈来愈高，深受国内外消费者青睐。鉴于此，"海青茶"于2015年申报为国家农产品地理标志登记保护产品，进入"国"字号区域公共品牌行列，成为名副其实的农民增收致富的"黄金叶"，被誉为青岛西海岸新区对外交流的"金名片"。

农产品地理标志，是指标示农产品来源于特定地域，产品品质和相关特征主要取决于自然生态环境和历史人文因素，并以地域名称冠名的特有农产品标志。它既是产地标志，也是质量标志，更是一种知识产权。对特色产品实施地理标志保护，是国际通行的做法。2021年，"海青茶"列入国家地理标志农产品保护工程专项，为海青茶品牌打造、提升宣传形象带来了难得的机遇。为了让大家知悉海青茶发展史、茶叶品质与品鉴、栽培与加工技术、地理标志申报登记与保护、茶树良种选育与种质资源保护、海青茶全产业链标准化和数字海青茶等相关知识和内容，让大家更好地了解海青茶的过去、现在和未来，共享海青茶特色和特质，我们组织编写了《农产品地理标志 海青茶》一书，以飨读者。

"一片叶子，成就了一个产业，富裕了一方百姓。"《农产品地理标志 海青茶》编写完成之时，恰遇第三个"国际茶日"，编写团队感慨颇多。首先，感受到了文化自信，我们看到了茶叶这个起源于中国，盛行于世界，对世界有着重大影响的植物的经济、社会和文化价值；其次，感受到了祖国的强大成就了新时代茶产业、茶文化的繁荣。国家对地理标志农产品的愈加重视和保护，使我们认识和感受到编写《农产品地理标志 海青茶》一书，用图文固化和科学普及地理标志农产品，宣传推介海青茶产业和茶文化意义非凡。

在本书编写过程中，各位编者密切配合，并得到有关院校和科研单位的大力支持，特此致谢。感谢农业农村部地理标志农产品保护工程立项和青岛市农业农村局的大力支持和指导，感谢青岛市黄岛区农业农村局、青岛市黄岛区海青镇人民政府和相关茶企等为本书的编写提供素材，同时对化学工业出版社的鼎力支持表示真挚的感谢。

由于编者水平和时间有限，书中缺漏之处在所难免，敬请广大读者和同行专家提出宝贵意见。

编者

2022年5月

目　录

第一章　海青茶发展史

第一节　茶的起源及利用　2
一、茶树的植物学分类及性状　2
二、茶的起源　5
三、茶的发现与利用　7
四、茶的传播　9
五、茶的分布与生产消费概况　14

第二节　山东茶业历史与发展现状　20
一、山东"南茶北引"历史　20
二、山东茶业发展现状　27

第三节　海青茶产业现状与展望　30
一、产业化、标准化不断增强　31
二、加工制茶技艺日臻完善　33
三、科技兴茶成绩斐然　33
四、品牌建设成效显著　35
五、茶产业与旅游业融合发展　42
六、产业兴镇前程似锦　43

第二章　海青茶品质与品鉴

第一节　海青茶适制性与茶叶品质　46
一、品种与海青茶叶适制性　46
二、气温与海青茶叶适制性　47

  第二节 海青茶叶品质特征 48
    一、海青绿茶基本品质特征 48
    二、海青红茶基本品质特征 52
  第三节 海青茶的保健作用 55
    一、茶叶的营养保健生化成分 55
    二、不同茶叶的营养保健作用 61

第三章 海青茶栽培与加工技术

  第一节 茶树生态习性 66
    一、光照 66
    二、温度 67
    三、水分 68
    四、土壤性状 69
    五、地形条件 71
  第二节 海青茶栽培管理技术 73
    一、茶园规划 73
    二、茶树种植技术 78
    三、幼龄茶园管理 83
    四、成龄茶园管理 86
    五、茶树修剪 89
    六、茶园绿色防控 92
    七、茶树越冬管理 96
  第三节 海青绿茶加工技术 101
    一、松针形海青绿茶加工技术 101
    二、自然形海青绿茶加工技术 104
    三、卷曲形海青绿茶加工技术 106
    四、扁平形海青绿茶加工技术 108

第四节　海青红茶加工技术　　112

　　一、条形海青红茶加工技术　　112

　　二、球形海青红茶加工技术　　114

第五节　海青白毫乌龙茶加工技术　　115

第四章　海青茶地理标志申报登记

第一节　海青镇自然与人文概况　　118

　　一、海青茶人文历史　　118

　　二、海青镇自然生态环境　　119

第二节　海青茶的诞生　　122

　　一、汉墓群与海青茶　　122

　　二、"南茶北引"与海青茶　　122

第三节　海青茶地理标志登记　　123

　　一、农产品地理标志　　123

　　二、海青茶地理标志登记保护　　124

　　三、海青茶地理标志保护地域范围　　126

第四节　海青茶地理标志授权使用　　126

　　一、海青茶地理标志使用规定　　127

　　二、海青茶地理标志品牌标识　　129

　　三、海青茶地理标志授权使用单位　　129

第五节　海青茶品质特性特征和质量安全规定　　130

　　一、海青茶等级指标　　130

　　二、海青茶理化指标　　130

第六节　海青茶农产品地理标志保护　　131

　　一、指导思想　　131

　　二、工作目标　　132

　　三、实施内容　　132

　　　　四、预期效果　　　　　　　　　　　　　　　　　　　　　134

第五章　海青茶树良种选育繁育与提纯复壮

第一节　茶树品种概念及分类　　　　　　　　　　　138
　　　　一、茶树品种的概念　　　　　　　　　　　　　　138
　　　　二、茶树品种的分类　　　　　　　　　　　　　　139
第二节　海青茶树良种选育　　　　　　　　　　　　140
　　　　一、海青茶树良种选育目标　　　　　　　　　　　140
　　　　二、海青茶树良种性状标准　　　　　　　　　　　143
　　　　三、海青茶树良种选育方法　　　　　　　　　　　146
第三节　海青茶优良种苗繁育　　　　　　　　　　　149
　　　　一、茶树有性繁殖　　　　　　　　　　　　　　　149
　　　　二、茶树无性繁殖　　　　　　　　　　　　　　　155
第四节　海青茶树提纯复壮　　　　　　　　　　　　166
　　　　一、茶树提纯复壮的含义　　　　　　　　　　　　166
　　　　二、茶树提纯复壮的技术　　　　　　　　　　　　167
　　　　三、海青茶树提纯复壮流程　　　　　　　　　　　168
第五节　海青茶区主要良种介绍　　　　　　　　　　168
　　　　一、鸠坑种　　　　　　　　　　　　　　　　　　169
　　　　二、黄山种　　　　　　　　　　　　　　　　　　169
　　　　三、祁门种　　　　　　　　　　　　　　　　　　169
　　　　四、龙井 43　　　　　　　　　　　　　　　　　 170
　　　　五、龙井长叶　　　　　　　　　　　　　　　　　171
　　　　六、中茶 108　　　　　　　　　　　　　　　　　171
　　　　七、福鼎大白茶　　　　　　　　　　　　　　　　172
　　　　八、迎霜　　　　　　　　　　　　　　　　　　　172
　　　　九、北茶 36　　　　　　　　　　　　　　　　　 173

十、东方紫婵　　　　　　　　　　　　　　174

第六章　海青茶全产业链标准综合体

第一节　农业标准化　　　　　　　　　　　　178
　　一、农业标准化概念　　　　　　　　　　178
　　二、农业标准化体系　　　　　　　　　　178
第二节　海青茶标准综合体　　　　　　　　　182
　　一、海青茶标准综合文本　　　　　　　　182
　　二、海青茶地理标志团体标准　　　　　　183
　　三、海青茶全产业链关键要素　　　　　　193
　　四、海青茶标准综合体架构　　　　　　　195

第七章　数字海青茶

第一节　数字农业技术体系　　　　　　　　　198
　　一、数字农业的概念　　　　　　　　　　198
　　二、数字农业技术支撑　　　　　　　　　198
第二节　数字海青茶体系架构　　　　　　　　204
第三节　数字海青茶建设　　　　　　　　　　206
　　一、海青茶数字茶园　　　　　　　　　　206
　　二、海青茶数字生产与加工　　　　　　　210
　　三、海青茶数字供应链体系　　　　　　　219
　　四、海青茶数字展示　　　　　　　　　　231

参考文献　　　　　　　　　　　　　　　　　236

第一章
海青茶发展史

第一节
茶的起源及利用

一、茶树的植物学分类及性状

1. 茶树的植物学分类

茶，泛指茶树或茶树新梢芽叶加工品的统称，在不同历史时期和不同地域的文字表述及称谓有多种，如荼、槚、蔎、茗、荈、诧、茗、茶树、茶叶等。

茶（茶树）在植物学分类中的学名是 *Camellia sinensis*（L.）Kuntze，其中常见的大叶品种一般为 *Camellia sinensis*（L.）O.Kuntze. var. assamica（Mast.）Kitamura，而中国江北茶区常见的中小叶品种为 *Camellia sinensis*(L.)O.Kuntze。茶树的植物学位置：

植物界　Plantae

　被子植物门　Angiospermae

　　双子叶植物纲　Dicotyledoneae

　　　原始花被亚纲　Archichlamydeae

　　　　侧膜胎座目　Parietales

　　　　　山茶亚目　Theineae

　　　　　　山茶科　Theaceae

　　　　　　　山茶亚科　Theoideae

山茶族　Trib. Theeae

山茶属　*Camellia*

茶亚属　*Subgen. Thea*

茶组　*Sect. Thea*

茶系　*Ser. Sinenses* Chang

茶种　*Camellia sinensis*(L.) Kuntze

2. 茶树的植物学性状

茶树品种以茶树的生物学特性和主要经济性状结合进行分类。按照树型，茶树分为乔木型、小乔木型和灌木型；按照叶片大小，主要考虑成熟叶片的长度及宽度，茶树分为特大叶类、大叶类、中叶类和小叶类四类；按照发芽迟早，茶树分为特早生种、早生种、中生种和晚生种等（表1-1）。

国家一级茶区有四个，即华南茶区、西南茶区、江南茶区、江北茶区。其中江北茶区的范围南起长江，北至秦岭、淮河，西起大巴山，东至山东半岛，包括甘南、陕西、鄂北、豫南、皖北、苏北、鲁东南等地，是我国最北的茶区。江北茶区地形较复杂，茶区多为黄棕土，这类土壤常出现黏盘层；部分茶区为棕壤；不少茶区酸碱度略偏高。茶树大多为灌木型中叶种和小叶种。海青茶属于江北茶区。

表1-1　茶树植物学性状

项目	类别
茶树树型	乔木型、小乔木型、灌木型
叶片大小	特大叶类、大叶类、中叶类、小叶类
发芽迟早	特早生种、早生种、中生种、晚生种
国家一级茶区	华南茶区、西南茶区、江南茶区、江北茶区

茶树为多年生常绿植物，嫩枝无毛。单叶，互生，常绿，革质，长圆形或椭圆形，先端钝或尖锐，基部楔形；上面发亮，下面无毛或初时有柔毛，边缘有锯齿，叶柄短、无毛。芽和嫩叶着生茸毛，嫩枝上除真叶外有鳞片和鱼叶。鳞片对芽有保护作用，易脱落；鱼叶为新梢最先展开的一片发育不完全的叶片，介于鳞片和真叶之间（图1-1）。两性花，一般为白色或淡黄色，少数为粉红色，1~5朵着生在叶腋，有花梗，苞片2片，早落；萼片5~6片，呈阔卵形至圆形，无毛，宿存；花瓣5~11片，阔卵形，基部略连合，背面无毛，有时有短柔毛；雄蕊多数，雌蕊1枚，柱头3~5裂；子房密生白毛，花柱无毛（图1-2）。花期为10月至翌年2月。蒴果3~4室，每室含1~2粒种子。果形与种子粒数有关，1粒种子的果实为球形，3粒近三角形，5粒近梅花形。种子为棕褐色，呈球形或半球形，变种种子为肾形，百粒重50~200g。茶籽约含蛋白质11%、脂肪32%、淀粉24%、糖4%，榨油可供食用，并可提炼皂素作为工业原料。

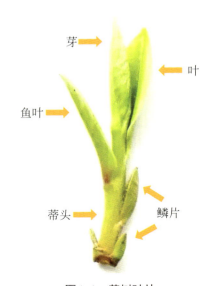

图1-1 茶树叶片

图1-2 茶树花

二、茶的起源

茶源于中国，自古以来为世界所公认。关于茶的起源时间，民间有很多传说，有人认为起源于远古，有人认为起源于周代，也有人认为起源于秦汉、三国、南北朝、唐代等。产生这种现象的主要原因是唐代以前的史书中无"茶"字，而只有"荼"字的记载。"荼"（tú）字最早出现于《诗经》，古文中"荼"的含义较多，有的指野菜、茅草，也有的指茶。现在普遍认为"荼"字是"茶"字的前身。汉代开始用"荼"字指茶，源于蜀地方言。"槚"（jiǎ）字代表茶，始见于郭璞的《尔雅注》："槚，苦荼。"陆羽在《茶经》中记载，"槚"指高大的乔木型茶树。"蔎"（shè），蜀西南人谓茶曰"蔎"。"荈"（chuǎn），是一个古老的茶字，专指茶，意为采摘后期的老茶叶及其制品。清郝懿行《证俗文》载："按荈，诧即茶也，茶有荈音，盖始于此。"三国时孙皓曾"密赐茶荈以代酒"，隋唐以后，"荈"字已少用。"茗"（míng）字最早见于吴人陆玑《毛诗草木鸟兽虫鱼疏》中的"蜀人作茶，吴人作茗"，汉代以后用得较多，尤其唐以后在诗词书画中最为多见。现在"茗"已成为茶的别名，常为文人所用，有古雅之志。"茶"字随着社会的发展，从一名多物的"荼"中分化出来，演变成特定的专有名词"茶"。众多学者认为在中唐，约公元8世纪，"茶"字才被普遍使用。

唐代陆羽在其所作的世界上第一部茶叶专著《茶经》中称："茶者，南方之嘉木也。"指出茶树产地在中国南方。一个多世纪以来，世界各国众多科学家和茶学研究者，从树种、地质变迁、气候变化等不同角度出发，对茶树原产地作了更加深入细致的分析和论证，中国南方的云南、贵州、四川存在大量野生茶树，并在树型、叶、花、果实、种子等形态上存有种种变异，证明茶树的起源中心当在中国西南地区的云、贵、川高原一带（图1-3）。

图1-3　中国古茶树

综合各种相关资料，总结茶树起源于中国的理由如下：第一，中国西南部山茶科植物最多，是山茶属植物的分布中心。第二，中国西南部野生茶树最多，其野生茶树群落面积之大、树龄之久、树体之大、数量之多、分布之广，堪称世界之最。第三，中国西南部茶树种内变异最多。对野生茶树驯化可追溯到西汉甘露（公元前53～公元前50）年间，《四川通志》卷四十五记："西汉僧理真俗姓吴氏，修活民之行，种茶蒙顶。"四川严道（今雅安）人吴理真，是有文字记载的最早种茶人，被称为"世界植茶始祖"。第四，生化证据表明，有文字记载的茶叶史有五六千年，中国西南部茶文化内容最丰富，时间最早，巴蜀是中国茶产业的摇篮。第五，现在茶树的命名和发音跟中国有关。

三、茶的发现与利用

中国是世界上最早发现和利用茶的国家。茶的发现，源于一片树叶的故事。在中华民族的文明史上，广为传颂着华夏民族的祖先之一神农的故事。神农氏，即炎帝，传说中的太阳神，农业及医药发明者，后人往往把一切与农业、植物相关的事物起源都归结于神农氏。东汉文献载："神农尝百草，日遇七十二毒，得荼而解之。"记载了神农氏寻找草药的过程中遇到了有毒的草木而中毒，躺在大树下休息时偶然遇到茶叶，咀嚼后中毒症状得以消除的情景，肯定了茶的药用价值。其实，神农尝百草时称为"荼"的植物就是后人所说的"茶"。当时将茶看成解毒的药物而应用的，这在古代许多文献中可以得到证实。

如果回顾一下茶的发展历史，便不难发现茶的用途是多种多样的。它既可作为治病的良药，也曾作为佐餐的菜肴，还当过祭天祀神的供物，等等。我国早期，尤其是物资匮乏的原始社会，人类以树叶、树皮果腹充饥，茶在很大程度上被人们当作食物。后据史料记载，战国时茶叶已有一定的规模，先秦的《诗经》中就有茶的记载。汉朝时茶已成为佛教"坐神"的专用滋补品。西汉王褒写于神爵三年（公元前59年）的《僮约》中记载了"烹茶尽具"和"武阳买茶"，反映了当时四川彭山一带已经饮茶成风。对于唐代以前的饮茶记录，被后人誉为"茶仙"、尊为"茶圣"、祀为"茶神"的陆羽（图1-4），在《茶经·六之饮》概言:"茶之为饮,发乎神农氏,闻于鲁周公。齐有晏婴,汉有扬雄、司马相如,吴有韦曜,晋有刘琨、张载、远祖纳、谢安、左思之徒,皆饮焉。"虽然茶很早被发现,但对茶的利用,并非一开始就作为饮料饮用。中国饮茶风气从唐代开始兴盛,形成"举国之饮"的社会风尚。

图1-4 陆羽品茗图

从药用到茶饮,中国人的祖先饮茶经历了四个过程。第一,生吃药用;第二,熟吃当菜;第三,烹煮饮用;第四,冲泡品饮。隋代时饮茶采用煎茶,煮茶时要添加一些佐料,如盐、香料等。唐代初期饮茶习俗仍然是将"葱、姜、枣、橘皮、茱萸、薄荷之等"与茶一同放入,并且"煮之百沸"。陆羽在《茶经》中斥责了这种饮茶方式,提出了"清饮法",自此茶与中国人的关联密切了,提升了茶在中国人日常生活中的地位,"柴米油盐酱醋茶"成为中国人的开门七件事。宋代时饮茶方法为点茶,茶先烘烤并碾成粉末,然后倒入热汤,还要不断击打搅拌。明代时"废团茶,兴散茶",出现了撮泡法,这种饮用方式能够完好地再现茶的本味、茶汤的本色,而且非常方便操作,一直沿用至今。

古往今来,中国茶的用途是多种多样的,它既可作为治病的良药,也曾作为佐餐的菜肴，还当过祭天祀神的供物、宫廷贡品以及大众饮品等。随着自然界和人类社会活动发展，茶的宗教、药用、食用、经济、科学、文化等价值，逐渐得以挖掘和利用。从物质到文化，再到精神，茶与人类相伴相随了几千年，中国茶依附并传承、记载着华夏文明。

四、茶的传播

茶的发现和利用至今已有五千多年的历史了。我国是世界上最早发现茶树和利用茶树的国家，中国是茶的发祥地。寻根溯源，世界各国最初所饮的茶叶、引种的茶种，以及饮茶方法、栽培技术、加工工艺、茶事礼俗等，都是直接或间接由中国传播过去的。

（一）茶在国内的传播

陆羽在《茶经》著述："茶者，南方之嘉木也。一尺、二尺乃至数十尺。其巴山、峡川，有两人合抱者，伐而掇之。其树如瓜芦，叶如栀子，花如白蔷薇，实如栟榈，蒂如丁香，根如胡桃。"茶树是中国南方的一种"嘉木"，中国的茶业最初孕育和发展于南方。

1. 先秦两汉：巴蜀是中国茶业的摇篮

饮茶习俗，最早发源于四川一带。清代顾炎武《日知录》中记载："自秦人取蜀而后，始有茗饮之事。"言下之意，秦人入蜀前，今四川一带已知饮茶。也就是说，中国和世界的茶文化，最初是在巴蜀发展为业的，饮茶是秦统一巴蜀之后才传播开来。这一说法，已被现在绝大多数学者认同。

巴蜀产茶，可追溯到商周时期，《华阳国志·巴志》记载，大约在公元前1046年，周武王姬发率周军及诸侯伐灭殷商后，便将其一位宗亲封在巴地。

这是一个疆域不小的邦国,包括今四川的宜宾,陕西的秦岭以南,以及重庆的奉节、涪陵等地区。巴王作为诸侯国君,理所当然要向周武王上贡。在一份"贡品清单"后还特别注明:"其果实之珍者,树有荔枝,蔓有辛蒟,园有芳蒻、香茗。"也就是说,上贡的茶不是深山荒野中的野生茶,而是精心培植的茶园里的上好茶。西汉成帝时王褒的《僮约》记载"烹茶尽具"和"武阳买茶"。前一句反映西汉时成都一带,不仅饮茶成风,而且出现了专门用具;从后一句可以看出,茶叶已经商品化,出现了如"武阳"一类的茶叶市场。秦汉乃至西晋,巴蜀是我国茶叶生产的重要中心。

2. 三国西晋:长江中游和华中地区成为茶业中心

秦汉时期,茶业随巴蜀与各地经济文化交融而传播。首先茶向东南传播,《茶陵县志》载的湖南茶陵的命名就是一个佐证。茶陵是西汉时设的一个县,其地以出茶而名。茶陵邻近江西、广东边界,表明西汉时期茶的生产已经传到了湘、粤、赣毗邻地区。

三国、西晋时期,由于地理上的有利条件和较好的经济文化水平,长江中游和华中地区在中国茶文化传播上的地位逐渐取代巴蜀而明显重要起来。三国时,孙吴据有东南半壁江山,这一地区是当时中国茶业传播和发展的主要区域。西晋时,长江中游茶业的发展还可从西晋时期的《荆州土地记》中得到佐证。其载曰"武陵七县通出茶,最好",说明荆汉地区茶产业明显发展,巴蜀独冠全国的优势似已不复存在。

3. 东晋南朝:长江下游和东南沿海成为茶业中心

西晋南渡之后,北方豪门过江侨居,建康(今南京)成为我国南方的政治文化中心。这一时期,由于上层社会崇茶之风盛行,使得南方尤其是江东饮茶和茶叶文化有了较大的发展,也进一步促进了我国茶业向东南推进。这一时期,我国东南植茶,由浙西进而扩展到了现今温州、宁波沿海一带。东汉《桐君录》所载:"酉阳、武昌、晋陵皆出好茗。"晋陵即常州,其茶出宜兴。表明东晋和南朝时,茶业重心东移的趋势更加明显了。

4. 唐代:长江中下游地区成为茶业中心

六朝以前,茶在南方的生产和饮用已成习俗,但北方饮茶者还不多。到唐朝中期后,如《膳夫经手录》所载:"今关西、山东,闾阎村落皆吃之,累日不食犹得,不得一日无茶。"这时的中原和西北少数民族地区都嗜茶成俗,于是与北方交通便利的江南、淮南茶区,茶的生产更是得到了空前发展。唐代中期后,长江中下游茶区不仅茶生产量大幅度提高,制茶技术也达到了相当高的水平,湖州紫笋和常州阳羡茶成为著名贡茶。茶叶生产和技术中心正式转移到了长江中下游地区。

江南茶叶生产呈一时之盛。史料记载,当时安徽祁门周围,千里之内,各地种茶,山无遗土,业于茶者十之七八。现在赣东北、浙西和皖南一带,在唐代时,其茶业确实有特大的发展。同时,由于贡茶设置在江南,大大促进了江南制茶技术的提高,也带动了全国各茶区的生产和发展。

从《茶经》和唐代其他文献记载来看,这时期茶叶产区已遍及今四川、陕西、湖北、云南、广西、贵州、湖南、广东、福建、江西、浙江、江苏、安徽、河南等十几个省区,几乎达到了与我国近代茶区约略相当的局面。

5. 宋代:茶业重心由东向南移

从五代和宋朝初年起,茶已经成为"家不可一日无也"的日常饮品,茶叶产品出现了团茶、饼茶、散茶、末茶等多种形式共存的状态。这个时期,全国气候由暖转寒,江南早春茶树因气温降低,发芽推迟,不能保证茶叶在清明前贡到京都。而福建气候相对较暖,可以担当此公差的重任。如宋代欧阳修《尝新茶呈圣俞》所述:"建安三千里,京师三月尝新茶。"作为贡茶,建安茶的采制必然精益求精,名声也愈来愈大。建安成为中国团茶、饼茶制作的主要技术中心,致使唐时还不曾形成气候的闽南和岭南一带的茶业迅速崛起和发展,并逐渐取代长江中下游茶区成为宋朝茶业的重心。

到了宋代,茶已传播到全国各地。宋朝的茶区基本上已与现代茶区范围相符。

6. 明清:制茶技艺革新与升华

明代,出现茶叶制法和各茶类兴衰的演变。中国茶叶经历了一次历史性的革命,就是废团茶,兴散茶,改进芽茶,促进芽茶和叶茶的蓬勃发展。在制茶工艺上,发明创立了绿茶的炒青制法,传承至今,现仍为绿茶制作的主要形式。明代文震亨在《长物志》中颇为自负道:"简便异常,天趣悉备,可谓尽茶之味矣!"饮茶方式出现了"瀹饮法",即用沸水直接冲泡,这种简易的饮茶方法在明代成为主流。此时,中国茶文化得到更加深入的发展,茶与人们的日常生活更加紧密结合起来。

清代,基本传承了明代的茶文化特点和习俗,只是在茶的种类、茶具及饮茶方式上有所发展,并且进一步走向民间大众。民国时期,由于政治腐败、社会动荡,中国茶产业处于低迷状态。

7. 中华人民共和国成立后:规模扩大,区划布局完善

中国茶区早在唐代就已初具规模。据陆羽《茶经》记载,当时全国10道中有8道33个州产茶,划分为山南、淮南、浙西、剑南、浙东、黔中、江西、

岭南八大茶区。中华人民共和国成立后，中国茶区进一步扩大，主要茶叶产区分布在北纬18°～37°、东经94°～122°范围内，有20多个省份1000多个县（市）产茶。依据地域差异、产茶历史、品牌类型、茶类结构、生产特点，全国形成华南、西南、江南、江北四大茶叶产区。

改革开放以来，党和政府制定出台了一系列恢复和扶持茶产业发展的政策措施，茶叶生产得到了迅速恢复和发展，规模和产量逐年增加，出口大幅回升。而且出现各种茶文化的创新，以茶为主题的茶文化活动蓬勃兴起，茶文化知识深入普及，茶叶的消费方式趋于多元化。

（二）茶在国外的传播

中国是当今世界最早种茶、制茶、喝茶的国家，其他国家的茶树、种茶及制茶技术和品饮方式都是直接或间接从中国传入的，世界各国均尊称中国为"茶的祖国"。

中国茶叶的外传有史料记载，最早传入朝鲜半岛。公元4世纪末5世纪初，中国的茶叶随佛教传入高丽国（今朝鲜和韩国），到了唐代，朝鲜半岛已开始种茶。《东国通鉴》："新罗（国）兴德王之时，遣唐大使金氏，蒙唐文宗赐予茶籽，始种于金罗道之智异山。"到公元12世纪，高丽国的松应寺和宝林寺等寺院大力提倡饮茶，使饮茶之风普及民间。

唐顺宗永贞元年（公元805年），日本最澄禅师从中国研究佛学回国，把从中国带回的茶种种在近江（今滋贺县）。公元815年，日本嵯峨天皇到滋贺县梵释寺，寺僧便献上香喷喷的茶水。天皇饮后非常高兴，遂大力推广饮茶。在宋代，荣西禅师二次来我国学习佛经，归国时，不仅带回了茶籽播种，并根据中国寺院的饮茶方法，制订了日本的饮茶方式。他晚年还用汉字撰写《吃茶养生记》一书，书中称茶是"圣药"和"万灵长寿剂"，这对推动日本饮茶风尚发展起了重大作用。他被誉为"日本的陆羽"。

公元10世纪，蒙古商队来华从事贸易时，将中国砖茶经西伯利亚带至中亚以远。15世纪初，葡萄牙商船来中国进行通商贸易，中国茶叶对西方的贸易开始出现。17世纪初，荷兰人将茶叶带至西欧，后传至东欧，再传至法国及美洲；印度尼西亚于1684年开始试种我国茶籽，直至19世纪后叶开始有明显成效，并在国际市场居一席之地；斯里兰卡开始试种我国传入的茶籽，后于18世纪到19世纪初多次引入中国茶种扩种和聘请技术人员，所产红茶质量优异，为世界茶创汇大国。18世纪初，英国流行品饮红茶，并作为上层社会人士馈赠的高级礼品；1780年印度传入我国茶籽种植方法，到19世纪后叶已是"印度茶之名，充噪于世"，今日的印度是世界上茶的生产、出口、消费大国。19世纪30年代，俄国从我国传入茶籽试种方法，1848年又从我国输入茶籽种植于黑海岸，1893年聘请中国茶师及技术人员赴格鲁吉亚传授种茶、制茶技术。20世纪20年代，南美的阿根廷、几内亚由我国传入茶籽种植方法；50年代，巴基斯坦、阿富汗开始试种中国群体茶种；60年代，我国派遣茶专家赴位于撒哈拉沙漠边缘的马里，通过艰辛的引种实验，种茶取得了成功；70年代，我国台湾农业技术团赴玻利维亚考察设计与投资，开始规模种植茶园；80年代，我国派遣茶专家赴玻利维亚，帮助建设茶场及机械化制茶厂；1983年，我国向朝鲜提供茶种试种技术，并在黄海南道临近的西海岸的登岩里成功种植。位于朝鲜半岛南部的韩国，种茶起源可以追溯到千年以前，至今茶叶生产初具规模。目前，世界上有60多个国家引种了中国的茶籽、茶树，我国茶叶已行销世界五大洲上百个国家和地区。

五、茶的分布与生产消费概况

目前，茶与咖啡、可可并称为世界三大饮料。茶叶中含有茶多酚、茶多糖、茶氨酸、维生素和矿物质等多种营养成分，具备提神醒脑、助消化、抗氧化等功能，备受世界各地消费者的青睐。2019年11月27日，第74届联合国大会根据中国的提议，确定每年5月21日为"国际茶日"（图1-5）。

图1-5 "国际茶日"标志

1. 世界茶叶生产与分布情况

世界产茶区遍及五大洲60多个国家和地区，饮茶人口超过20亿人。2019年全世界茶叶总产量614万吨。茶叶产量前三的国家为中国、印度、肯尼亚，其产量分别为261.6万吨、133.9万吨和49.3万吨，占世界产量比例分别为44.36%、22.71%和8.36%。其次是斯里兰卡、土耳其、越南、印度尼西亚、孟加拉国、日本和阿根廷等国家。

2. 世界各国茶叶消费情况

根据国际茶叶委员会统计，2018年茶叶消费总量最大的国家为中国，消费量达211.9万吨。前十大茶叶消费国还包括印度、土耳其、巴基斯坦、俄罗斯、美国、英国、日本、印度尼西亚、埃及。中国和印度既是茶叶主要生产国，又是茶叶主要消费国。但世界上人均茶叶消费量最大的国家是土耳其，人均茶叶消费量达到3.04kg，然后是爱尔兰、英国、俄罗斯、摩洛哥、新西兰、埃及、波兰、日本、沙特阿拉伯、南非、荷兰、澳大利亚、智利、阿联酋、德国、乌克兰、中国等。在非传统产茶国中，巴基斯坦、俄罗斯、美国、英国、埃及等国具有较高的消费潜力。

3. 中国茶叶生产与发展情况

（1）茶园面积持续微增　据统计，2021年全国18个主要产茶省（区、市）的茶园总面积为326.41万公顷，同比增加9.90万公顷，增幅3.13%（表1-2）。其中，可采摘面积291.64万公顷，同比增加15.23万公顷，增长5.22%。可采摘面积超过20万公顷的省份有云南省（45.70万公顷）、贵州省（42.89万公顷）、四川省（32.49万公顷）、湖北省（28.07万公顷）、福建省（21.67万公顷）。

表1-2　2021年中国大陆各主要产茶省茶园面积

省份	2021年面积／万公顷	2020年面积／万公顷	增长量／万公顷	增长率／%
江苏	3.43	3.39	0.04	1.18
浙江	20.51	20.50	0.01	0.05
安徽	19.72	19.09	0.63	3.30
福建	22.75	22.36	0.39	1.74
江西	11.45	11.27	0.18	1.60
山东	2.72	2.60	0.12	4.62
河南	13.91	13.68	0.23	1.68
湖北	36.33	34.25	2.08	6.07
湖南	19.87	18.27	1.60	8.76
广东	8.21	6.94	1.27	18.30
广西	9.50	7.88	1.62	20.56
海南	0.22	0.22	0.00	0.00
重庆	5.64	5.21	0.43	8.25
四川	39.75	39.07	0.68	1.74
贵州	47.64	47.75	-0.11	-0.23

续表

省份	2021年面积/万公顷	2020年面积/万公顷	增长量/万公顷	增长率/%
云南	48.02	47.31	0.71	1.50
陕西	15.58	15.53	0.05	0.32
甘肃	1.16	1.19	-0.03	-2.52
总计	326.41	316.51	9.90	3.13

注：数据来源于中国茶叶流通协会，"-"为比2020年下降，下同。

（2）茶叶产量增速放缓　随着茶园面积的增长，我国茶叶产量也不断上升，但增速放缓。2021年，全国干毛茶总产量约306.32万吨，比2020年增加约7.71万吨，增幅2.58%（表1-3）。总产量超过30万吨的有福建省、湖北省、云南省、四川省、贵州省。

表1-3　2021年中国各主要产茶省干毛茶产量

省份	2021年产量/吨	2020年产量/吨	增长量/吨	增长率/%
江苏	10703	12000	-1297	-10.81
浙江	195300	188100	7200	3.83
安徽	142413	138900	3513	2.53
福建	450470	418131	32339	7.73
江西	78888	78076	812	1.04
山东	27262	29600	-2338	-7.90
河南	89190	81000	8190	10.11
湖北	384000	350571	33429	9.54
湖南	250253	240826	9427	3.91
广东	108443	116000	-7557	-6.51
广西	102800	84696	18014	21.27
海南	800	600	200	33.33
重庆	48700	43300	5400	12.47
四川	350000	315343	34657	10.99
贵州	345017	385636	-40619	-10.53
云南	380023	408824	-28801	-7.04
陕西	97297	92996	4301	4.62

续表

省份	2021年产量/吨	2020年产量/吨	增长量/吨	增长率/%
甘肃	1592	1418	174	12.27
总计	3063151	2986016	77135	2.58

（3）**茶类结构持续微调** 近年来，我国茶叶生产平稳发展，茶类结构持续优化。2021年，中国传统茶类中除黄茶外，其余五大茶类的产量均有不同幅度的增长（表1-4）。其中，绿茶产量为184.94万吨，微增0.67万吨，比增0.36%；红茶产量为43.45万吨，增长3.02万吨，比增7.47%；黑茶产量为39.68万吨，增长2.35万吨，比增6.30%；乌龙茶产量为28.72万吨，增长0.94万吨，比增3.38%；白茶产量为8.19万吨，增长0.84万吨，比增11.43%；黄茶产量为1.33万吨，减少0.12万吨，降幅为8.28%。绿茶、红茶、黑茶、乌龙茶、白茶、黄茶的产量比约为139∶33∶30∶22∶6∶1；红茶、黑茶、白茶在总产量中的占比出现攀升。

表1-4 2021年中国六大茶类产量统计

茶类	2021年产量/万吨	2020年产量/万吨	增长量/万吨	增长率/%
绿茶	184.94	184.27	0.67	0.36
红茶	43.45	40.43	3.02	7.47
黑茶	39.68	37.33	2.35	6.30
乌龙茶	28.72	27.78	0.94	3.38
白茶	8.19	7.35	0.84	11.43
黄茶	1.33	1.45	-0.12	-8.28
总计	306.31	298.61	7.70	2.58

（4）**国内茶叶消费量持续增长** 近年来，我国茶叶消费量持续增长，消费格局基本稳定。2021年，国内茶叶年消费量达到230.19万吨，较2020年220.17万吨增长了10.02万吨，增幅为4.55%（表1-5）。2021年，中国绿茶内销量在六大茶类中最高，为130.92万吨，比增2.35%，占总销量的56.9%。中

国绿茶内销额1994.3亿元，同比增长17.4%，占内销总额的63.9%（表1-6）。各茶类中，绿茶均价152.3元/kg，红茶146.2元/kg，乌龙茶113.8元/kg，黑茶76.2元/kg，白茶129.8元/kg，黄茶122.2元/kg（图1-6）。

表1-5　2021年中国六大茶类内销量统计

茶类	2021年内销量/万吨	2020年内销量/万吨	增长量/万吨	增长率/%
绿茶	130.92	127.91	3.01	2.35
红茶	33.88	31.48	2.40	7.62
黑茶	34.41	31.38	3.03	9.66
乌龙茶	22.79	21.92	0.87	3.97
白茶	7.05	6.25	0.80	12.80
黄茶	1.14	1.23	-0.09	-7.32
总计	230.19	220.17	10.02	4.55

表1-6　2021年中国六大茶类内销额统计

茶类	2021年内销额/亿元	2020年内销额/亿元	增长量/亿元	增长率/%
绿茶	1994.3	1699.2	295.1	17.4
红茶	503.0	500.8	2.2	0.4
黑茶	258.2	301.6	-43.4	-14.4
乌龙茶	259.2	280.7	-21.5	-7.7
白茶	91.4	89.5	1.9	2.1
黄茶	13.9	17.0	-3.1	-18.2
总计	3120.0	2888.8	231.2	8.0

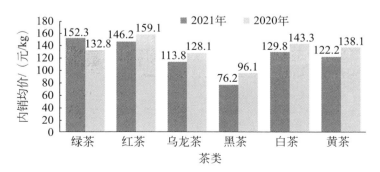

图1-6　2020年与2021年中国茶叶分类内销均价对比

第二节
山东茶业历史与发展现状

一、山东"南茶北引"历史

山东地区历史上是否生长过茶树,这在学术界一直是争论不休的话题。唐代陆羽在《茶经》中记载:"茶之为饮,发乎神农氏,闻于鲁周公。"唐代封演的《封氏闻见记》中记载:"开元中,泰山灵岩寺有降魔师,大兴禅教,学禅务于不寐,又不夕食,皆许其饮茶。人自怀挟,到处煮饮,从此转相仿效,遂成风俗。自邹、齐、沧、棣渐至京邑,城市多开店铺煎茶卖之,不问道俗,投钱取饮。"唐代饮茶已在齐鲁民间盛行。宋代苏东坡任密州(今诸城)太守时,在《望江南·超然台作》中写道:"寒食后,酒醒却咨嗟。休对故人思故国,且将新火试新茶。诗酒趁年华。"留下"寒食"后试饮新茶的词句。

山东境内种茶始于宋元时期,据《文登县志》记载:"昆嵛山产茶,土人不谙制法。西商购去装至江南制造。元初设茶场提举。""茶场提举"是管理茶叶生产的官方机构,说明山东在宋末元初时期,昆嵛山区已种茶、产茶。明代茶树栽培从云南向北绵延,一直到今山东。在明、清代的《蓬莱县志》《海阳县续志》《莒县志》等山东地方志书中,均有种茶、产茶的记载。这期间,涌现出"莱州茶""海州茶",被列入明代黄一正《事物绀珠》中全国96种名茶之列。李传政等人在《中国北限古茶区——山东》一文中记述金朝时期山东"茶树随山皆有"。竺可桢在《中国茶叶历史资料选辑》指出:四五千年前黄河中下游地区气候湿热，所以关于上古时期这一地区有茶的传说有可能是真实的，后由于气温骤然变寒使茶绝迹。学界基本倾向于山东地区古代历史上没有形成茶叶规模种植和加工的观点。

尽管如此，山东人一直想把茶这种南方植物引种过来。1933年，爱国将领冯玉祥将军隐居泰山时，曾引种茶树，他将江苏友人送来万株茶树分赠各地朋友试种，并派人到南方考察种植方法。冯将军的创意确实很好，但由于当时技术条件等原因，他的愿望未能很好实现。中华人民共和国成立后，山东不少地方有过茶树引种的尝试，但多属民间自发行为，均未获得成功。据《山东省志·商业志》资料记载：1952年有人从南方带来茶种，在泰安徂徕山上试种，由于改变了茶叶的生长条件，又缺少管理经验，结果只能是无功而终。中华人民共和国成立初期，山东茶叶种植一直是空白状态。山东兴茶，得益于20世纪中叶的"南茶北引"工程。

1. "南茶北引"倡议

"南茶北引"的最初倡导者是毛泽东同志。1954年春，毛泽东主席在杭州与将要到山东工作的浙江省委书记谭启龙谈话时，提出了"引种南方茶到北方"的构想，对谭启龙说："山东人口多，有喝茶的习惯，你到山东去工作，应该把南方的茶引种过去。"

到山东后，谭启龙了解到山东素有浓厚的饮茶习俗，历年从南方购进大量茶叶，是我国茶叶消费大省。中华人民共和国成立初期，茶叶是国家统配物资，是出口换汇的重要商品，国家每年从南方调拨4万多担茶叶供给山东，但也只能满足当时广大群众需求的1/3。供需矛盾大，省内各地的茶叶供应十分紧张。1956年4月，经过来山东工作的谭启龙同志主导调研论证和推动，山东省委作出"试种竹、茶、杉、橘、桐"的指示。山东省由此开始进行"南茶北引"实践工作。因此,谭启龙被人们誉为"南茶北引"的第一人。

2. "南茶北引"初试

1956年,根据中共山东省委安排部署,从安徽、浙江等地购进了茶苗、茶种,在青岛、日照、临沂三地区开始探索试种茶树,"南茶北引"自此开始。

1957年冬季,青岛市建设局园林管理处第一次从黄山运来2年生的茶苗5000株,1958年春在青岛太平南麓苗圃中种植。由于引进茶苗启运时间不当,根部损伤较重,结果茶苗无一成活。同年冬,山东省商业、农林、供销等部门又从安徽黄山引进黄山群体茶籽5000kg。1959年春将茶籽分配到日照县大沙洼林场、蒙阴县岱周林场、平邑县万寿宫林场、明光寺林场等国营林场和青岛中山公园等单位种植,同时分配到沂水县上峪大队、沂源县坡丘大队、蒙阴县宫家城子大队和前城子大队作为试种点。这些单位采用点播的方法将茶树种子进行播种,因缺乏科学的种植方法、措施和管理经验,除青岛中山公园所剩几株外,大部分幼苗因干旱、冻害而枯死。随后连续三年严重的自然灾害,受几十年不遇的寒潮突袭,致使各地茶苗未能安全越冬,试种没有成功,"南茶北引"初试阶段处于失败局面。

但是,这期间也有成功案例。1959年,青岛市在中山公园太平山南麓的空旷地带再次试种,由于公园生态条件较好,园艺工人管理认真,措施得当,出苗率达70%。1960年,进行茶苗移植试验工作,在苗圃内进行较大数量的播种育苗培植,逐步摸索积累经验。1963年,开始茶树驯化培植,开园移植,还进行了一次直播定植试验,都取得了较为理想的成效。1964年,在5~7年生的茶树上打顶采摘茶叶,加工试制毛茶19kg,采到了第一批茶籽,第二年播种出苗完全正常,青岛茶树第二代出世。

一直到1965年，中共山东省委书记谭启龙在青岛考察时，看到青岛中山公园路两旁成活茶树，大大增强了在山东种植茶树的信心，于是山东省委再次着手推进"南茶北引"工作。这次，青岛市中山公园试种点为了避免冻灾，采用冬天搭棚、设风障等措施，使半数以上茶树安全过冬，并按照管理花卉苗木的方式精心管理茶园，青岛市于1965年茶苗试种率先获得成功。紧接着，1966年春，山东临沂、日照等地相继报道"南茶北引"试种成功。

3. "南茶北引"推展

"南茶北引"历经从无到有实践中求突破，扬长避短生存中求发展，矢志不移坚守中谋创新，铸就今日山东茶产业和品牌的辉煌。

（1）引进试种阶段（1956～1965年） 从1956年开始，山东省"南茶北引"的范围包括青岛、日照、临沂、莱芜、泰安、济南等多个地区试种。历经初试三年试种失败，探索实践茶树驯化育苗和栽培的管理经验，采取了冬天搭棚、设风障等保温措施，针对性地解决了冬季寒冷茶苗不易成活的问题，1965年青岛市"南茶北引"茶树试种初步成功。

（2）示范推广阶段（1966～1971年） 1966年后，"南茶北引"又相继在山东临沂、日照试种成功，1966年扩大到淄博、烟台、潍坊、泰安等地试栽。这期间，各地都做了大量的试种工作，克服了当时群众种植茶树思想认识偏差，解决粮茶作物争土地、争人力、争投入的矛盾和种植技术"瓶颈"等现实困境，通过加大动员群众创新精神，稳步推进试种、示范、推广等措施。试种成功单位总结出的经验是：茶树存活的关键在于越冬问题。为解决越冬的技术问题，中国农科院茶叶研究所派员驻点日照、胶南等地，深入田间地头，帮助指导茶叶种植、管理、加工等各项工作，调研撰写出《山东省茶树引种试种工作情况和我们的看法》报告，总结出了具有山东特色的技术措施，如"密植矮化栽培、深沟浅播、土墩深播"的保苗和"灌水、铺草、加风障"的越冬措施，提出种茶的地形必须是背风向阳半山坡，并把好"三关"，即播种质量关、出苗关和越冬关。

与此同时，各地纷纷兴办起茶叶加工厂和培养制茶技术员。茶厂设施设备增加和配套，代替了鲜叶自行土法加工，解决了大量鲜叶加工生产难题。1969年，山东省胶南县海青公社组织五个种茶大队在后河西村办起山东省内第一座茶厂——山东联合茶厂（后改称海青河西茶厂）。1969年，日照炒青绿茶送到中国农科院茶叶研究所进行品质评鉴，被评价为"叶片肥厚耐冲泡，内质很好，滋味浓，香气高，近似屯绿、婺绿"。1971年，山东省日照县也组建起了一座以西赵家庄子大队为中心的全省第一座小型半机械化初制茶厂，定名为"九一六联合初制茶厂"。据统计，1967年山东省试种的26个县茶树播种成活率达45%，1968年达83%，1970年达95%。从此，山东的"南茶北引"进入了规模化种植阶段。

（3）攻关扩种阶段（1972～1982年）　1972年9月16日，《人民日报》登载山东省"南茶北引"成功的报道。全国各地纷纷效仿，开始广泛试种茶苗。1973年10月，国家农业部和中国农科院茶叶研究所在日照县召开了6省区（山东、西藏、新疆、陕西、河北、辽宁）"南茶北引西迁"经验交流会，时任中共日照县委书记牟步善及胶南海青河西茶厂专家在会上作了经验介绍。与会专家认为山东省"南茶北引"是成功的，标志着长期以来生长在江南地区的茶树第一次跨过了高纬度的限定，打破了北纬30°～35°以北不能种茶的农业谶语。

1978年，全国茶叶区划会议上将鲁东南列入江北茶区。山东省政府发文加快"南茶北引"工作，后又在日照、胶南、五莲、荣成等地安排了茶叶高产栽培攻关试点，全省茶园面积近7300公顷，茶叶产量得到进一步提高。

（4）缓慢发展阶段（1983～1991年） 1982年，山东省农村开始实行联产承包责任制改革，大部分茶园由集体承包到户生产经营。新承包茶园的农民普遍缺乏管理技术经验，经济效益下滑。1984年，国家实行销售体制改革，取消了茶叶统购统销政策，许多茶农面对放开后的市场束手无策，所产茶叶无处可卖，挫伤了茶农的积极性，出现刨茶树种粮现象，部分茶园被毁弃，导致全省茶园面积大幅度回落，茶产业处于低谷阶段。

（5）全面发展阶段（1992～2014年） 自20世纪90年代初开始，改革开放让农民的温饱问题逐步得到解决。1992年，国务院发布了《关于发展高产优质高效农业的决定》，适时调整产业结构，发展农村经济，成为"三农"工作的重心。茶业优势逐步显现出来，进一步发展茶业成为全省上下的共识。从省委、省政府到茶区各市、县，相继出台了一系列支持茶业发展的优惠政策，并根据当地实际，科学规划，合理布局，按照区域化种植、规模化发展的思路，把发展茶业列入重要议事议程。山东省农业厅适时提出了"巩固提高现有茶园，即使是在东南沿海茶区，发展新茶园也应严格选点，进行集约栽培，提高单产，质量第一，讲究效益"的产业调整发展思路。山东省基本形成鲁东南沿海、胶东半岛和鲁中南地区三大优势茶区。东南沿海茶区主要包括崂山、黄岛、胶州、日照、莒南、莒县、五莲和临沭等市、县、区；鲁中南茶区主要包括沂水、沂南、平邑、泰安、新泰、莱芜等市、县、区；胶东半岛茶区主要包括海阳、乳山、文登、荣成、即墨、莱西、平度等市、县、区。截至2014年，全省茶园面积达到2.33万公顷，是低谷时期茶园面积的5倍。

（6）创新提升阶段（2015年至今） "十三五"以来，山东茶业围绕品种培优、品质提升、品牌打造和标准化生产，进入创新提升高质量发展新阶段。据统计，2019年山东省全省茶园面积2.67万公顷，产茶2.6万吨，产值约33亿元。山东省全省茶园每亩（1亩≈667m²）平均产值8226元，高出全国平均水平83.4%，其中采摘茶园鲜叶收入达10571元，最高30000元以上。

4. "南茶北引"省思

始于20世纪50年代的"南茶北引"是一个划时代的民生工程，也是我国农作物种植史上的一次革命。

第一，"南茶北引"工程成功实施，离不开领袖关怀，以及国家和各地党委政府的政策支持。"南茶北引"工程开始初期，谭启龙等一批高级领导干部就对茶业进行了不遗余力的支持，将山东茶业从"婴儿"哺育起来。到了20世纪90年代中后期，山东省以及其他引种茶树的省区制定扶持政策，提供资金支持、技术指导，鼓励农民打破传统的种植结构，改良茶树种植方式。时至今日，国家和各地党委政府依然对茶业的发展十分支持，茶业也在发展壮大后反哺了茶产区。"南茶北引"带来的"种植时空革命"和"种植版图革命"，也将会在未来成为我国农业发展的新动能。

第二，"南茶北引"工程成功实施，充分遵循和利用自然及生态客观规律。山东属温带季风气候，胶东半岛和鲁东南、鲁中南地区年降雨量在700~900mm，气温和降水基本能满足茶树生长的需要；光照时间长、昼夜温差适宜和越冬期长的特点，更有利于茶叶内含物质的积蓄；山东境内的地形地貌有平原和丘陵，其中丘陵地带土壤pH值为5.5~6.5，为适植茶树的微酸性土壤。这都为"南茶北引"的成功提供了最基本的客观条件。

第三，"南茶北引"工程成功实施，彰显了这一时期中国共产党在基层克服各种困难、关注民生、保障农民利益的宗旨意识，尊重群众不屈不挠的奋斗创新精神，为推进我国农业高质量发展和现代化进程提供了精神财富（图1-7）。

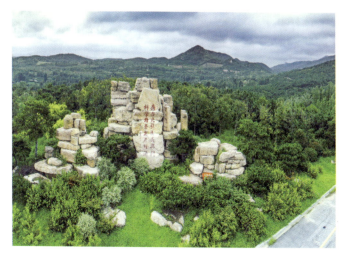

图1-7　黄岛区海青镇"南茶北引"纪念碑

二、山东茶业发展现状

茶叶是山东农业新兴特色高效产业。根据《山东农业志》记载,山东省自20世纪50年代开始从南方引进茶树进行试验种植,20世纪60年代末70年代初获得引种试种成功,并进入推广阶段。20世纪90年代后,尤其是2000年以来,逐步进入了面积扩大、产量增长、品质提升、效益增加的发展新时期。山东已成为全国纬度最高的北方优质茶产区。

截至2020年,全省茶园面积达到2.67万公顷,产量3万吨,年产值达到40多亿元。全省有10个市40个县(市、区)种植茶叶,初步形成了鲁东南沿海、鲁中南泰沂山区和胶东半岛三大茶叶集中产区,集中产区茶叶栽培面积、产量均占全省的90%以上,呈现出较明显的区域优势。

1. 品种不断培优

"南茶北引"60余载,山东人民积累了丰富的茶树引种经验,选育出一批适宜山东茶区种植的茶树品种。如罗汉1号、瑞雪、香雪、寒梅、鲁茶1号、鲁茶2号、北茶36、东方紫婵、崂山3号、北茶1号、青农3号、青农38号等优良品种（系）。

2. 品质不断增强

山东茶叶依靠"叶片厚、滋味浓、耐冲泡、香气高"的特有品质，备受消费者青睐。"海青绿茶""崂山绿茶""泰山女儿茶"等产品已成为市场知名度较高的地方名茶。虽然山东茶园大多分布在200～500m的低海拔地区，但是山东的纬度高（34°23′～38°17′），与台湾的纬度（22°54′～25°24′）相比高12°。根据"纬度增加1°，相当于海拔高度上升100m"的科学论点和台湾对"高山茶"（海拔高于1000m所产的茶）的定义，山东所产的茶与台湾海拔1200m以上所产的高山茶有相似的特征，可谓"山东平地种出南方高山茶"。在内含生化成分上，山东绿茶中黄酮含量（6%～12%）显著高于南方茶（≤6%），氨基酸含量（2%～4%）也高于茶叶的一般水平（1%～3%），形成了山东绿茶汤色碧绿清亮、滋味鲜爽的品质特点。同时，在茶类品种上不断探索创新，由单一的绿茶扩大到红茶、黄茶、白茶、乌龙茶等多个茶类。随着高新技术在茶叶加工中的广泛应用，茶叶由初制饮品向袋装茶、速溶茶、液体茶、保健茶、茶食品以及茶叶生化成分提取物等高级产品方向发展。

3. 品牌打造提升

结合特色农产品优势区建设，通过创建"一村一品"示范镇，实施农产品地理标志登记保护，鼓励龙头企业自主创新，打造一大批地域特色突出、产品特性鲜明、市场竞争力强的区域公用品牌。山东全省各类茶叶加工企业达到1600多家，其中年经营收入超过500万元的企业达到165家，省级农业产业化龙头企业18家，目前全省216家茶叶企业通过SC认证。沂水绿茶、荣成绿茶、莒南绿茶、胶南绿茶、乳山绿茶、长清茶、泰山绿茶、沂蒙绿茶、日照绿茶、海青茶、诸城绿茶、泰山红茶、烟台茶等获得国家农产品地理标志登记保护。"日照绿茶""万里江""雪青"等5个茶叶品牌荣获中国驰名商标，"泰山女儿"等16个茶叶品牌荣获山东省著名商标。2020年全国茶叶区域公用品牌评估中，"日照绿茶""崂山茶""沂蒙绿茶""烟台绿茶""烟台桑叶茶"均进入前100位。在中国茶叶学会举办的历届"中茶杯"的评比中，山东选送的悬泉香茗、海青峰、海北春、海青龙茗、海青金龙茗、碧雪春、钰雪、青岛莲芯、万里江、东山云青、青吟碧芽、圣谷山银针、巨峰春雪、玄武翠芽、金火杜鹃、良心谷白茶、海青才子等几十个茶叶品牌曾获得一等奖、特等奖和金奖。

4. 标准化生产

按照"有标采标、无标创标、全程贯标"的要求，加快产地环境、投入品管控、生产过程管理、产品加工、储运保鲜、品牌打造、分等分级、质量安全追溯、数字农业建设等关键环节标准的制定、修订与实施，推广绿色防控技术和清洁化生产模式，打造全产业链标准综合体，提升茶业综合生产能力。全省通过"三品一标"认证的茶叶基地有400余家，各级茶叶标准化建设示范园有180家，认证和认定面积达1.2万公顷以上，占山东茶园面积的半壁江山。

5. 经济效益显著

全省茶园每亩平均产值为11000多元，高出全国平均水平约1倍，茶业已经成为山东农业高效特色产业，其经济效益和促进农民增收作用非常明显。

6. 消费市场活跃

山东饮茶氛围浓厚，消费市场发展快。全省有各类茶叶批发市场50多个。按照全国平均水平计算，全省茶叶年消费量在8万吨左右，而目前全省茶叶年产量仅为2万多吨，仅占消费需求的25%左右，远远不能满足消费者的需求。随着经济水平的发展和消费者对茶叶的认识提高，茶叶消费必将呈刚性增长态势。

第三节　海青茶产业现状与展望

1966年，胶南县（现黄岛区）响应山东省委"南茶北引"指示和工作部署，积极开展"南茶北引、南竹北移"试种。海青镇成为首批"南茶北引"茶树试种基地，自安徽引进茶苗、茶种试验种植。为了确保茶树试种成功，依照茶树生长习性、群众生产基础和村落自然状况要求，首选后河西村为试种点。后河西村，位于海青镇驻地以北7km处，北与诸城市相邻，西与日照市五莲县相接，周边有大小水库、塘坝10余座，海拔在100~130m，年平均气温14℃以上。北有翠龙山、即墨山、毛道山三山环抱，黄埠岭、大柴岭、小柴岭、石弯岭、番子岭五岭汇聚，北高南低，避风向阳，地势平缓延伸，形成了"空气湿润，昼夜温差大，夏无酷暑，冬无严寒"的小气候环境，适宜茶树种植生长。在试种过程中，摸索应用抗寒力强的茶树品种、秋剪茶苗、减少茶树挡风面、选取向阳避风山坡等措施和方法，使南方茶树在海青试种成功。海青茶树，从南到北，从无到有，创造了一个时代作物引种的伟大奇迹。为了庆贺南方茶树在海青落地繁衍成功，当地群众依照地域名称将其定名为"海青茶"，后河西村成为"海青茶"的发祥地（图1-8）。

图1-8　黄岛区海青茶发祥地

海青茶历经引进试种、示范推广、攻关扩种、缓慢发展、全面发展和创新提升阶段。海青茶产业，从小到大，从弱到强，已成为全镇农村经济的重要支柱产业，海青镇也发展成为中国江北茶重镇和"中国名茶之乡"。

一、产业化、标准化不断增强

海青茶试种成功后，1972年示范区扩展到14.67公顷，随后历经山东省"南茶北引"相似的发展历程。到1995年，胶南市委、市政府抓住计划经济向市场经济过渡的发展机遇，重视茶产业发展，组建设立了"胶南市茶叶技术指导站"，规划指导全市茶叶生产。胶南市和海青镇两级政府将茶业作为发展高产、优质、高效农业的主导产业来抓，引导农民扩大种植面积，加强茶园管理，海青茶生产进入了快速发展时期。2010年，胶南市人民政府《关于鼓励发展现代特色农业的意见》指出：大力发展蓝莓、绿茶、食用菌三大特色产业，推动农业转方式、调结构，有效促进农业增效和农民增收。海青镇人民政府《关于鼓励海青茶发展的意见》提出：加快全镇茶业产业发展，发展茶树设施栽培，增强茶树抗灾能力，提高现代特色农业的经济效益、社会效益和生态效益。2014年，海青镇党委、政府下发了《关于成立海青茶业生态示范核心区建设指挥部的通知》，进一步落实市委、市政府特色农业发展规划，稳步推进农业结构调整，形成了"北绿茶、南蔬菜、西林果、东南水产"的特色农业发展格局，大力培育茶产业，海青绿茶以其独特的地方风味享誉大江南北。2015年，青岛西海岸新区管委、青岛市黄岛区人民政府出台的《关于加快推进都市型现代农业发展的意见》指出：围绕蓝莓、茶叶、食用菌，以及果品、蔬菜、花卉等特色高效产业，坚持高起点规划和高标准建设，打造成产业高效、科技领先、设施先进、功能多样、全国领先的现代农业园区密集区，对符合要求的标准园区每个补助50万元。2020年，青岛西海岸新区管委出台《关于进一步加快乡村产业振兴鼓励政策的通知》，区委农业农村局、区财政局等9部门联合印发《青岛西海岸新区关于进一步加快乡村产业振兴的鼓励政策建设类和补贴类项目实施细则及资金管理办法》，明确大力发展特色产业，推进乡村振兴的路径和鼓励政策。这些政策的出台和实施，加速了《农产品地理标志 海青茶》和《海青茶种植技术规程》等技术规程、地方标准和团体标准的推广应用，推进了海青茶标准化生产进程。近年来，在政府扶持和市场推动下，海青茶叶生产加工企业、茶叶专业合作社及家庭农场不断发展壮大，企业、合作社、家庭农场与基地、茶农、茶场紧密相连，组成"风险共担，利益共赢"的经济联合体，促进名优茶产量、质量和经济效益大幅度提高。到2021年，全镇茶叶种植专业村43个，茶叶加工企业已发展到200余家，青岛市级以上龙头加工企业15家，茶叶专业合作社153家，家庭农场137家，茶产业职业农民达2万人，茶园面积达2000公顷，年产干茶1300吨，产值达3.2亿元，已成为江北茶主产区和全国"一村一品"示范镇。

二、加工制茶技艺日臻完善

海青茶试种成功初期，茶叶加工以学习南方炒茶技术为主，主要手工炒青绿茶。到1995年后，随着高效农业和特色农业发展，研究推广机械制作名优茶工艺，提高茶叶品质，抢占市场制高点。从鲜叶采摘、茶叶初制，到成品茶精制，持续改进茶叶加工工艺和加工机具。由手工炒制向机械化、自动化、数字化、智能化水平迈进，探索总结绿茶、红茶、白茶等成套加工工艺，涌现出一大批全国名特优新品牌茶品。到2021年，海青茶叶种类已形成以绿茶为主，红茶为辅，乌龙茶、白茶、黄茶为补充，抹茶、茶汤为衍生茶品的新格局。

三、科技兴茶成绩斐然

海青镇高度重视茶叶科技工作，专门成立了海青茶叶研究所（图1-9），积极开展与科研院所战略合作，与中国农业科学院建立起了长期技术协作关系，设立南京农业大学茶叶研究所海青茶业协同创新中心、山东农业大学海青实训基地、青岛职业技术学院海青茶艺与茶文化产教融合实训基地等，相继攻克了40多项海青茶生产加工技术难关，促进产学研融合发展。同时，国家级综合性茶叶科研机构中国农业科学院茶叶研究所专家工作站正式落户海青镇，致力于海青茶全产业链标准化研究与开发，并开展了茶与啤酒研发、茶衍生品开发等工作，极大推动了海青茶科技创新。

近年来，加大茶树品种培优、茶叶品质提升、品牌打造和标准化生产加工等科技投入，提升了海青茶科技含量和附加值。引进培育"海青茶苑茶种质资源圃"和"北茶科技园"研发基地，按照引进试验一代、示范扩种一代、繁育推广一代、研发储备一代茶树良种"引繁推育"体系，筛选出适宜海青茶区种植的鸠坑种、黄山种、祁门种、龙井43、龙井长叶、中茶108、福鼎大白茶、迎霜、金观音、肉桂、郁金香、中黄1号、碧香早、中白1号、白毫早等当家品种，选育出拥有自主知识产权的北茶36、东方紫嫣等农业农村部登记品种。2000年以来，为了确保幼龄茶园速成丰产，投产茶园高产高效，衰老茶园更新复壮，整体推进海青茶园标准化、精品化建设，先后实施了"优质茶丰产栽培技术研究与开发""大棚茶叶优质高效栽培研究与示范""无公害茶叶生产示范基地建设研究""幼龄茶园速成高产综合栽培技术应用研究""茶树良种抗寒优质高产筛选试验研究""名优绿茶机制工艺及配套技术研究"等科技攻关课题和农业丰收项目，大力推广应用水肥一体化、绿色防控、清洁化生产、有机肥替代化肥、农药减量施用等新技术，为海青茶持续快速健康发展提供强有力的科技支撑。2014年至2021年，在茶叶外观设计、实用新型专利、发明创造等方面获得国家专利技术9项（表1-7），包括多功能农业栽培装置技术、一种复合肥生产用的物料搅拌乳化设备技术、一种农业用高可靠性喷粉机技术、一种农产品中农药残留量的检测装置技术、一种茶叶生产加工用包装封装机构技术、一种茶叶加工转盘蒸汽机技术、一种茶叶种植用茶叶修剪装置技术、一种茶叶加工用滚筒式翻炒装置技术等。

图1-9　青岛地区"南茶北引"设立第一座茶叶研究所

表1-7 2014—2021年海青茶产业获专利技术表

时间	项目名称	专利号	发证机关	专利类型
2014.06	碧螺春茶叶自控滚炒机	CN201420608629.X	国家知识产权局	实用新型
2017.11	多功能农业栽培装置	CN201720104319.8	国家知识产权局	实用新型
2017.10	一种复合肥生产用的物料搅拌乳化设备	CN201720147030.4	国家知识产权局	实用新型
2017.11	一种农业用高可靠性喷粉机	CN201720181872.1	国家知识产权局	实用新型
2021.08	一种农产品中农药残留量的检测装置	CN202120036510.X	国家知识产权局	实用新型
2021.09	一种茶叶生产加工用包装封装机构	CN202021996923.4	国家知识产权局	实用新型
2021.09	一种茶叶加工转盘蒸茶机	CN202022981905.5	国家知识产权局	实用新型
2021.09	一种茶叶种植用茶叶修剪装置	CN202022793750.2	国家知识产权局	实用新型
2021.10	一种茶叶加工用滚筒式翻炒装置	CN202022576982.2	国家知识产权局	实用新型

四、品牌建设成效显著

进入21世纪，茶业已成为海青镇"强镇富民"的主导产业。茶农、茶企品牌意识不断增强，名特优新茶品大量涌现。

一是品牌培育硕果累累。相继研制开发了龙井、银针、碧螺春、毛峰、炒青、烘青等12大系列30余个品种名优茶。申请注册了海青、胶南春、碧雪春、海北春、炳运、剑龙春、怡博、润丰、华艺、中枝、一叶融山海、九州龙和泰、夔龙山、泽农、钰雪、龙燊、煜龙春、益海博等40余个茶叶商标。获得国家无公害农产品认证12家，获得有机认证2家，获得国家名特优新农产品认证登记名录茶企12家。海青镇茶农、茶企踊跃参加中国农业博览会、中茶杯全国名优茶评比、国饮杯全国茶叶评比、中国（北京）国际茶叶及茶艺博览会、中国（杭州）国际茶产业博览会、国际名茶评比及山东省名优茶评比等展会评比活动，参与国内外茶叶品牌推介、交流，和茶企同台竞争，先后争创国家级奖牌48个、山东省名优茶评比特优茶等奖项12个，进一步树立海青茶品牌形象。同时，山东省、青岛市、黄岛区等地方政府机构，组织开展山东省知名农产品品牌评选、青岛农产品品牌认定、黄岛区"琅琊榜"农业品牌评选，拓展了海青茶品牌培育平台和空间。

二是品牌宣展精彩纷呈。青岛市、黄岛区两级农业主管部门、品牌办、茶叶学会（协会）等部门单位，组织海青茶企参加国家、山东省、青岛市主（举）办的农产品交易会、绿色食品博览会、茶叶博览会等展销评比活动，借助国内外具有影响力的茶叶节会平台宣传"海青茶"品牌，帮助企业开拓国内外市场。海青镇党委、政府借助各种新闻媒体、节会等大力宣传、推介海青茶，加大市场开拓度，扩大"海青茶"品牌影响力和市场占有率。在搞好本地销售的同时，当地茶企主动与外地企业、商户建立友好协作合作关系，在大城市设立销售网点，推动海青茶品销往祖国大江南北。随着网络经济发展，越来越多的茶企涉足电子商务，在互联网上进行线上交易和展示，顾客遍及世界各地。

三是品牌树立合力共举。1968年起，海青茶园陆续进入采摘期，开始生产海青绿茶，产品由国家统一收购、销售。改革开放后，茶叶市场全面放开，新型茶叶销售市场逐渐形成。海青镇党委、政府将"海青茶"列为全镇靓丽的名片，通过"政府搭台，企业唱戏"形式，设立主办海青绿茶采茶节（图1-10），组织参与东亚合作论坛，承办青岛（海青）国际茶文化节，承办第十三届国际名茶评比大赛等一系列节庆活动，广泛研究、深入论证海青茶融入国家"一带一路"倡议的路径和措施，引导茶农提高茶叶生产加工技能，提升海青茶品质、品牌、品味，在更高层次、更大范围树立海青茶品牌形象。

四是品牌保护不断增强。2015年，海青茶获得国家农产品地理标志登记保护，成为国字号农产品品牌。为保护和提升海青茶特色和特质，海青镇政府通过健全农业品牌保护工作体系、评价体系、诚信体系和政策体系，强化监督管理作用；引导教育茶农、茶企增强品牌经营和保护意识；充分发挥社团组织在行业自律、标准制定、品牌营销、品牌管理和打假维权等方面的作用；建立授权使用制度等举措，守护"海青茶"品牌。2021年，海青茶列为国家级地理标志农产品保护工程项目，借助国家地理标志农产品保护工程实施，设立海青茶地理标志展览馆，展示传统手工制茶工艺和现代智慧农业加工工艺、世界茶叶传播简史、中国茶叶简史、南茶北引简史，普及茶文化，进行茶体验和线下线上互动看展，推进海青茶文化深度挖掘和空间拓展。同时，创建海青茶全产业链标准综合体和全程数字化建设，增强海青茶综合生产能力，推进生产标准化、产品特色化、身份标识化，保持海青茶特色和特质，守护海青茶品质，显著提升海青茶品牌价值、产品知名度、美誉度、品牌影响力、创造力、市场占有率（表1-8～表1-12）。

图1-10　海青绿茶采茶节

表1-8　海青茶无公害农产品认证一览表

企业名称	产品名称	年产量/吨	证书编号	证书有效期
青岛海青海北春茶业有限公司	绿茶	11	WGH-QD01-1900020	2019-4-5～2022-4-4
青岛泽农茶业专业合作社	绿茶	4	WGH-QD01-2000001	2020-4-2～2023-4-1
青岛钰雪家庭农场有限公司	绿茶	7.5	WGH-QD01-1900021	2019-4-5～2022-4-4
青岛海青润丰生态农业科技有限公司	绿茶	4.5	WGH-QD01-2000054	2020-9-24～2023-9-23
青岛海青龙泰茗家庭农场有限公司	绿茶	7	WGH-QD01-2000207	2020-12-31～2023-12-30
青岛海青华忆茶业有限公司	绿茶	10	WGH-QD01-2100160	2021-11-12～2024-11-11
青岛海青茶叶投资有限公司	绿茶	3	WGH-QD01-2000050	2020-9-23～2023-9-22
青岛海青炳运茶厂	绿茶	8	WGH-QD01-2000048	2020-9-23～2023-9-22
青岛海青炳运茶厂	红茶	7	WGH-QD01-2000049	2020-9-23～2023-9-22
黄岛区茶乡苑家庭农场	绿茶	1	WGH-QD01-2100009	2021-1-4～2024-1-3
青岛海博茶叶专业合作社	绿茶	8	WGH-QD01-2100159	2021-11-12～2024-11-11
青岛龙桑生态农业科技发展有限公司	绿茶	6	WGH-QD01-2100163	2021-11-12～2024-11-11

表1-9　获全国名特优新农产品海青茶企名录

企业名称	产品名称	证书编号	认证时间
青岛泽农茶业专业合作社	海青绿茶	CAQS-MTYX-20200643	2020-12-25
青岛海青茶业投资有限公司	海青绿茶	CAQS-MTYX-20200643	2020-12-25
青岛海青海北春茶业有限公司	海青绿茶	CAQS-MTYX-20200643	2020-12-25
青岛海青龙泰茗家庭农场有限公司	海青绿茶	CAQS-MTYX-20200643	2020-12-25
青岛钰雪家庭农场有限公司	海青绿茶	CAQS-MTYX-20200643	2020-12-25
青岛海青华忆茶业有限公司	海青绿茶	CAQS-MTYX-20200643	2020-12-25
青岛海青龙泰茗家庭农场有限公司	海青红茶	CAQS-MTYX-20210348	2021-9
青岛海青海北春茶业有限公司	海青红茶	CAQS-MTYX-20210348	2021-9
青岛泽农茶业专业合作社	海青红茶	CAQS-MTYX-20210348	2021-9
青岛海青华忆茶业有限公司	海青红茶	CAQS-MTYX-20210348	2021-9
青岛海青润丰生态农业科技有限公司	海青红茶	CAQS-MTYX-20210348	2021-9
青岛钰雪家庭农场有限公司	海青红茶	CAQS-MTYX-20210348	2021-9

第一章 海青茶发展史

表1-10 获得青岛市知名农产品品牌海青茶企名录

产品名称	企业名称
碧雪春茶	胶南市海青河西茶厂
海北春茶	青岛海青海北春茶业有限公司
华忆牌海青茶	青岛海青华忆茶业有限公司
钰雪茶	青岛钰雪家庭农场有限公司
泽农茶	青岛泽农茶叶专业合作社
龙燊茶	龙燊茶业专业合作社
夔龙山茶	青岛海青茶投资有限公司

表1-11 海青茶获奖情况一览表

年份	参评企业名称	参评项目	茶样名称	获得奖项
1995	胶南市海青茶叶研究所	第二届中国农业博览会	海青锋	金奖
2001	胶南市海青茶叶研究所	第四届"中茶杯"	青岛莲芯	一等奖
2001	胶南市海青茶叶研究所	第四届"中茶杯"	海青翡翠	一等奖
2001	胶南市海青茶叶研究所	第四届"中茶杯"	胶南春	一等奖
2001	胶南市海青海北春茶厂	第四届"中茶杯"	海北春	一等奖
2001	胶南市海青海北春茶厂	第四届"中茶杯"	绿芽春	优质茶
2001	胶南市海青茶叶研究所	2001中国国际农业博览会	海青锋	名牌产品
2001	胶南市海青海北春茶厂	2001中国国际农业博览会	海北春	名牌产品
2002	胶南市海青海北春茶厂	山东省名优茶评比	绿芽春	特优茶
2003	胶南市海青海北春茶厂	第五届"中茶杯"	绿芽春	优质茶
2003	胶南市海青雪峰茶厂	第五届"中茶杯"	钰雪春	一等奖
2004	胶南市海青茶叶研究所	亚洲合作对话第三次外长会议	胶南春	指定专用茶
2004	胶南市海青河西茶厂	山东省首届名茶评比	碧雪春	山东名茶
2004	胶南市海青海北春茶厂	山东省首届名茶评比	海北春	特优茶
2004	青岛海青镇炳运茶厂	山东省首届名茶评比	炳运茶王	优质茶

续表

年份	参评企业名称	参评项目	茶样名称	获得奖项
2005	胶南市海青雪峰茶厂	第六届"中茶杯"	钰雪峰	优质茶
			钰雪春	一等奖
	胶南市海青海北春茶厂		海北春	特等奖
			绿芽春	优质茶
			海北春上笋	优质茶
	胶南市海青镇炳运茶厂		炳运茶王	一等奖
2007	胶南市海青镇炳运茶厂	第七届"中茶杯"	炳运毛峰	一等奖
			炳运春	优质茶
	胶南市泽农茶厂		桂平玉螺	优质茶
	胶南市怡博生态茶场		怡博绿芽	一等奖
2011	胶南市海青河西茶厂	山东大众放心茶评比	碧雪春	大众放心茶
2015	青岛海青龙泰茗家庭农场有限公司	第十一届"中茶杯"	海青龙茗	一等奖
			海青泰茗	优质茶
	青岛钰雪家庭农场有限公司		钰雪寻梅	一等奖
			钰雪香兰	一等奖
	黄岛区海青北山茗正家庭农场		朋珍牌海茗珍	一等奖
	青岛海青镇炳运茶厂		精品龙	特等奖
			炳运春	优质茶
2016	青岛益元茶业有限公司	第四届"国饮杯"	海青才子	一等奖
	青岛钰雪家庭农场有限公司		钰雪香兰	优质茶
			钰雪问菊	一等奖
2017	青岛益元茶业有限公司	第十二届"中茶杯"	海青才子	一等奖
	青岛钰雪家庭农场有限公司		钰雪寻梅	一等奖
	青岛海青龙泰茗家庭农场有限公司		海青金龙茗	特等奖
2021	青岛钰雪家庭农场有限公司	第四届中国国际茶产业博览会	钰雪茶	推荐产品
	青岛海青龙泰茗家庭农场有限公司	2021中国（青岛）北方国际茶产业博览会	海青金龙茗	推荐产品
	青岛钰雪家庭农场有限公司		钰雪茶	推荐产品

续表

年份	参评企业名称	参评项目	茶样名称	获得奖项
2021	青岛海青华忆茶业有限公司	世界茶联合会第十三届国际名茶评比	华忆海青茶	优质产品奖
			华忆绿茶	优质产品奖
			华忆红茶	优质产品奖
	青岛碧海春茶业有限公司		碧海春	优质产品奖
	青岛海青龙泰茗家庭农场有限公司		海青龙茗	金奖
			海青金龙茗	金奖
	青岛海青茶业投资有限公司		夒龙山翠芽	金奖
			夒龙山乌金	金奖
	青岛益元茶业有限公司		碧雪春	金奖
	青岛钰雪家庭农场有限公司		钰雪香兰	金奖
	青岛泽农茶业专业合作社		泽农玉剑	金奖
	黄岛区海青北山茗正家庭农场		朋珍牌海青绿茶	金奖
	青岛海青梁志茶业有限公司		贡茗春芽	金奖
	青岛龙燊生态农业科技发展有限公司		龙燊绿茶	金奖
	黄岛区海青永春茶厂		永春绿茶	金奖
	青岛海青双生茶业有限公司		双生九曲红梅	金奖
	黄岛区海青永春茶厂		永春红茶	银奖
	青岛海博茶叶专业合作社		竹风茶韵	银奖

表1-12 获得黄岛区"琅琊榜"知名农产品海青茶企名录

年份	产品名称	企业名称
2017年	钰雪茶	青岛钰雪茶叶专业合作社
	海北春茶	青岛海青海北春茶业有限公司
2019年	碧雪春	青岛益元茶业有限公司
	泽农	青岛泽农茶业专业合作社
2020年	华忆牌	青岛海青华忆茶业有限公司
2021年	益海博茶	青岛海博茶叶专业合作社

五、茶产业与旅游业融合发展

海青茶历经60多年深度发展，现已达到山、水、林、田、路、渠等综合配套，精品茶园面积不断扩大，茶叶品质不断提升的良好局面。在"建设特色小镇，推进乡村振兴"的战略实践中，海青镇围绕茶产业链延伸，注重挖掘具有地方特色的山、水、茶、竹自然资源优势，拓展全镇文化产业、旅游产业发展空间，举办各类茶文化生态旅游活动，以茶为媒、茶旅结合，开辟茶博园、北茶商街、茶展馆、茶戏台、茶家乐、茶乡旅游等，开发集养生、休闲、观光、学艺、体验等为一体的特色旅游产品，做足"茶旅、文旅、农旅"融合大文章，推动小镇风貌改善，把海青镇打造成了一个"北域江南"。海青镇于2014年8月被农业部授予"全国一村一品示范镇"；2015年12月被农业部、国家旅游局授予"全国休闲农业与乡村旅游示范点"；2016年11月被农业部授予"中国名茶之乡"的称号，并被确定为"北茶之源"（图1-11）。

图1-11　海青·北茶之源

六、产业兴镇前程似锦

"南茶北引",在中国茶叶发展史上写下了浓墨重彩的一笔;改革开放,为海青茶产业发展注入了新的生机和活力。随着乡村振兴战略实施,海青茶产业发展必将迎来更加辉煌的明天。"激发北茶商街活力,做美新区西南门户",是青岛西海岸新区工委管委对海青镇发展的期盼。海青镇将瞄准区位和产业优势,按照"茶旅融合、文旅融合、农旅融合"的思路,以茶业全产业链构建为核心,全力打造集生产研发、创意创业、文旅体验、民宿旅拍、网红直播、乡土美食等于一体的"北茶商街",为乡村产业振兴增添新业态,增强新动能。现今,青岛茶旅综合体、山东柴烧博物馆、鸿雨抹茶等实体已落户北茶商街,产业集聚初具规模;苏州评弹、京韵大鼓、杨氏相声等团队常态化演出,特色文旅亮点纷呈;餐饮、住宿、购物、娱乐等初呈高潮,业态虹吸效益凸显;本地茶企、商户沿街争设摊点摊位,集中销售展示名优农产品,富民红利激活释放。海青镇将持续放大北茶商街辐射带动作用,创新建设海青市集、农耕博物馆、知乡游乐场,栽植"杏韵大道"景观林,实施亮化景观等综合配套工程,全力打造成全省面积最大、产业链最全、业态最丰富的综合性特色茶街,努力将海青镇建设成为中国北方知名茶旅镇、文旅镇和网红镇,创新打造全国新时代文明实践街区(图1-12)。

图1-12 海青·北茶商街景观

在不久的将来，海青镇将以茶香久远、养生健体、文化娱乐、服务体验为主旨，以茶旅结合、茶禅和合、茶文融合、古今交融、内外聚合、参与体验为载体，打造茶香小镇、茶庄园、茶旅游休闲体验园、茶博馆、茶器具展示馆、多元化茶馆、茶空间、茶文化主题园等，充分展现各类茶文化内涵、知识普及、服务体验、文化熏陶的茶文交融的新状态。既裂变又聚变，在转换中释放能量、丰富内涵，既能"闻香止步"——更高层次、更大程度地聚集茶元素、茶形态，又能"香飘万里"——更大范围、更高能级地辐射茶能量、茶文明，还能"瞻前顾后"地衍生出新业态、新市场。

第二章

海青茶品质与品鉴

第一节
海青茶适制性与茶叶品质

一、品种与海青茶叶适制性

1. 无性系品种

无性系茶树良种能够良好地遗传母树的优质性状，在生产上表现为个体性状相对一致、发芽整齐、轮次明显、抗逆性强、丰产性好、品质优等特点，适制名特优茶和机械化作业，是今后茶叶发展的必然趋势。

海青茶区适宜栽植的无性系茶树品种有龙井43、龙井长叶、中茶108、舒茶早、迎霜、白毫早等，全部来源于南方产茶省。自"南茶北引"以来，山东省茶叶研究者自主选育了罗汉1号、鲁茶1号、鲁茶2号、寒梅、北茶36号、东方紫婵、北茶1号、青农3号、青农38号等茶树品种，但这些品种尚未在生产中大规模化推广应用。

2. 有性系品种

有性系品种是世代用种子繁衍的品种，个体间特征、特性有差异，亦称群体种。适宜海青茶区栽植的有性系良种较少，主要有鸠坑、福鼎大白、黄山褚叶群体等。

二、气温与海青茶叶适制性

茶鲜叶品质的生化成分及其构成随着茶芽萌发为新梢的过程而发生变化。决定茶叶品质的重要生化指标有茶多酚、氨基酸、酚氨比、儿茶素、PPO（多酚氧化酶）活性等。其中，茶多酚是茶叶中的主要物质之一，是茶叶多酚类物质的总称，呈苦涩味，是构成茶汤浓度、强度和鲜爽度的重要呈味物质，在茶汤滋味中起收敛作用，很大程度上决定了茶汤的滋味和颜色。氨基酸是茶叶品质成分中含氮化合物的突出代表。茶鲜叶中富含20多种游离氨基酸，是形成茶汤鲜爽度和香味的主要物质，对茶叶色、香、味的形成起到重要的作用。游离氨基酸含量高的鲜叶，其氮代谢旺盛，持嫩性强，制成的干茶条索紧细、色泽油润。在滋味方面，游离氨基酸本身就是滋味因子。酚氨比是茶多酚与氨基酸含量的比值，是茶叶适制性的重要指标。一般来说，酚氨比高的茶树品种适合做红茶，酚氨比低的茶树品种适合做绿茶。

丁立孝等测定不同采摘期茶园茶鲜叶中的茶多酚含量、氨基酸含量、儿茶素总量、多酚氧化酶活性，并计算酚氨比。结果发现：在平均气温17.9℃～21.3℃下，海青茶鲜叶酚氨比低于8，多酚氧化酶活性低，茶鲜叶适合生产优质绿茶。随着气温升高，茶多酚含量显著升高，氨基酸含量下降，酚氨比大于8，多酚氧化酶活性高，适合生产红茶。经品鉴，夏季茶树原料制成的绿茶苦涩味重，鲜爽度次于春茶。

茶叶生化成分的变化动态与采摘前15天平均气温具有一定的相关性：鲜叶茶多酚含量、多酚氧化酶活性、酚氨比与鲜叶采摘前15天平均气温之间呈正相关；而鲜叶氨基酸含量，与鲜叶采摘前15天平均气温之间呈负相关。

第二节
海青茶叶品质特征

一、海青绿茶基本品质特征

海青绿茶叶片厚，茶汤浓厚醇和，耐冲泡，汤色黄亮，回味甘甜，清香四溢，是茶中极品，形象称之为"黄绿汤、栗子香"显著特色。

海青绿茶光照充足，生长期长，芽叶肥壮饱满，氨基酸等有机成分含量高，品质表现为：香似豌豆香、汤似小米汤。总体感官特征：外形较南方绿茶硕壮重实，色泽墨绿油润；香浓郁高长；汤色黄绿明亮；滋味浓醇爽口；叶底黄绿匀亮。独特内含成分：茶多酚18.0%～26.8%，儿茶素0.86%～2.81%，氨基酸3.26%～5.17%，咖啡碱2.58%～3.81%，黄酮0.6%～1.2%，水浸出物43.8%～53.5%，总糖3.5%～4.6%，锌40.4～63.0mg/kg。

海青绿茶产品按鲜叶采摘季节分为春茶、夏茶、秋茶；按不同的原料级别和加工方式分为卷曲形、扁形、针形和自然形等；按感官品质分为特级、一级、二级、三级四个等级（表2-1～表2-4）。

表2-1 卷曲形海青绿茶的感官指标

类别	外形				内质			
	条索	色泽	整碎	净度	香气	汤色	滋味	叶底
特级	肥嫩、紧结、显锋苗	绿润	匀整	匀净	鲜嫩	嫩绿明亮	鲜醇	嫩绿明亮
一级	紧实、有锋苗	绿润	匀整	洁净	清高	黄绿明亮	醇厚	黄绿明亮

续表

类别	外形				内质			
	条索	色泽	整碎	净度	香气	汤色	滋味	叶底
二级	紧实	墨绿	匀、尚整	尚洁净	清香	黄绿明亮	醇正	黄绿尚亮
三级	尚紧实	墨绿	尚匀整	尚净	纯正	黄尚亮	尚醇正	暗绿

表2-2　扁形海青绿茶的感官指标

类别	外形				内质			
	形状	色泽	整碎	净度	香气	汤色	滋味	叶底
特级	扁平、光润、挺直	绿润	匀整	匀净	鲜嫩	嫩绿明亮	鲜醇	嫩绿明亮
一级	扁平、挺直	绿润	匀整	洁净	清高	黄绿明亮	醇厚	黄绿明亮
二级	扁平	墨绿	匀、尚整	尚洁净	清香	黄绿明亮	醇正	黄尚亮
三级	扁平	墨绿	尚匀整	尚净	纯正	黄尚亮	尚醇正	暗绿

表2-3　针形海青绿茶的感官指标

类别	外形				内质			
	形状	色泽	整碎	净度	香气	汤色	滋味	叶底
特级	形似松针、紧细圆直、锋苗挺秀	绿润	匀整	匀净	鲜嫩	嫩绿明亮	鲜醇	嫩绿明亮
一级	形似松针、紧细圆直	绿润	匀整	洁净	清高	黄绿明亮	醇厚	黄绿明亮

表2-4　自然形海青绿茶的感官指标

类别	外形				内质			
	形状	色泽	整碎	净度	香气	汤色	滋味	叶底
特级	自然形、有苗锋	绿润	匀整	匀净	鲜嫩	嫩绿明亮	鲜醇	嫩绿明亮
一级	自然形、紧实	绿润	匀整	洁净	清高	黄绿明亮	醇厚	黄绿明亮
二级	自然形、尚紧实	墨绿	匀、尚整	尚洁净	清香	黄绿明亮	醇正	黄绿尚亮
三级	自然形	墨绿	尚匀整	尚净	纯正	黄尚亮	尚醇正	暗绿

（一）海青绿茶滋味特征

1. 不同季节海青绿茶滋味的生化特性

滋味，是构成绿茶品质的主要因素之一。绿茶滋味的主要生化指标是茶多酚、氨基酸、咖啡碱、水浸出物及酚氨比。

茶多酚、咖啡碱是茶汤苦涩味的物质基础，茶多酚、咖啡碱含量与茶品质呈负相关。海青绿茶中茶多酚、咖啡碱分布范围分别为18.0%～26.8%、2.58%～3.81%。夏茶茶多酚、咖啡碱含量最高，导致夏茶滋味苦涩；秋茶次之；春茶含量最低，苦涩程度最轻。游离氨基酸对茶汤鲜甜味起重要作用，游离氨基酸含量与茶品质呈正相关。海青绿茶游离氨基酸含量为3.26%～5.17%，春茶明显高于夏、秋茶，因此春茶滋味鲜爽，优于夏、秋茶。酚氨比是反映绿茶滋味品质的重要指标，其数值与茶汤品质呈负相关。海青绿茶夏茶酚氨比为8.22，明显高于春、秋茶，夏茶滋味品质次于春茶。通常情况下，若茶汤滋味因茶多酚含量太高而表现过度苦涩，可通过提高氨基酸的量来改善。春、夏、秋绿茶的水浸出物含量差别不大，说明水浸出物含量随季节影响不大。

春季气温较低，有利于氮代谢的进行，蛋白质、氨基酸等含氮化合物合成较多，所以春茶滋味鲜爽。夏季气温过高，会加速氨基酸的分解，使之含量减少，同时夏茶中酯型儿茶素含量增加，对夏茶苦涩味的增强起到了决定性的作用。因夏茶茶多酚含量、儿茶素含量都最高，相应的滋味品质最差，秋茶次之。

2. 海青绿茶滋味化学鉴定特征

绿茶滋味得分与绿茶水浸出物、氨基酸含量呈显著和极显著正相关，与酚氨比则呈显著负相关。程启坤、阮宇成等从化学鉴定的角度提出了绿茶滋味化学鉴定方法，该方法可分别对绿茶滋味的鲜度、浓度和醇度进行测定。绿茶滋味各因子都有一定的代表性物质，茶多酚是浓度的代表物质，氨基酸是鲜度的代表物质，酚氨比与醇度密切相关。

丁立孝等采用绿茶滋味化学鉴定法对海青春、夏、秋不同季节的绿茶滋味品质作分析比较，结果表明：春茶鲜度、醇度、滋味得分分别为38.8、32.9、107.1，明显高于夏茶得分与秋茶得分，从而得出春茶滋味品质最佳，秋茶次之，夏茶最差的结论（表2-5）。

表2-5　化学鉴定法对海青绿茶滋味的分析

单位：分

样品	鲜度得分	浓度得分	醇度得分	滋味总分
春茶	38.8	35.4	32.9	107.1
夏茶	23.9	46	15.6	85.5
秋茶	29.2	39.8	22.0	91.0

这种品质的差异是由茶叶滋味主要生化成分的含量及其组成比例不同而产生的，游离氨基酸、茶多酚及酚氨比及其组成比例不同，造成鲜度、浓度、醇度得分及滋味总分的差异，从而使不同季节绿茶滋味品质存在差异性。

3. 海青绿茶滋味品质感官审评

丁立孝等采用感官审评法对春、夏、秋茶的滋味品质进行评定，以五位茶学品评师的评语和评分相结合的方法反映茶叶样品的滋味品质，且评分采用百分制。采用"3g-150mL-5min"的方式冲泡茶样，对茶样滋味特征及其浓度进行评定。结果发现，春季绿茶以鲜爽为主要滋味特征，滋味品质得分为96.6，明显高于夏、秋绿茶的得分81.6、86，夏、秋茶以苦涩、浓厚为主要特征，从口感上次于春季绿茶。

（二）海青绿茶香气特征

海青春茶与秋茶香气上的差别主要表现在：春茶香气呈栗香，秋茶香气呈花果香。这种香气的差异性与茶叶糖苷类香气前体物质的含量变化有关，并呈明显季节性变化。在前体总量上，秋季含量略低于春季，春季鲜叶中的含量极高（表2-6、表2-7）。

表2-6　海青绿茶的香气感官审评

样品	香气评语	得分/分
春茶	较高，有栗香	89
秋茶	较清高，花果香	91

表2-7　海青春、秋季绿茶香气成分类别及相对含量　　单位：%

样品	碳氢化合物	酯类	醛类	醇类	酮类	杂环化合物	含硫化合物
春茶	39.33	19.19	11.12	8.19	6.86	12.32	2.98
秋茶	31.98	35.40	11.06	7.58	3.64	7.75	2.58

二、海青红茶基本品质特征

红茶属于全发酵茶，是世界茶叶贸易和消费量最大的茶类，也是我国六大基本茶类之一。我国的红茶品种有小种红茶、工夫红茶及红碎茶三种，为我国的传统出口商品。各地红茶品质各具特色，但加工方法基本相同，主要加工工序为"鲜叶采摘—萎凋—揉捻—发酵—干燥"。鲜叶加工过程是根据鲜叶内在的化学成分及其在加工过程中的变化规律，充分利用鲜叶中高活性的多酚氧化酶等，采取适当的技术措施，人为地创造有利的变化条件，进行充分的酶促氧化，促进红茶形成特有的色、香、味、形。

2013年，青岛碧雪春农业发展有限公司牵头制定了《青岛红茶生产技术规程》(DB3702/T 222—2013)地方标准，推进海青红茶生产与加工快速发展，在北方茶区极具推广价值。海青茶区以夏、秋季茶树鲜叶为原料，制得的红茶具有外形紧结，匀整洁净，色泽乌润，汤色红艳明亮，香气甜浓持久，滋味甜醇，叶底红亮、细嫩、细巧、匀整等特征。

1. 海青红茶感官品质特征

海青红茶按其感官质量分为特级、一级、二级、三级共四个等级（表2-8）。其中，特级红茶特征为外形细嫩露锋苗，乌润匀整，汤色红亮，香气甜香持久，滋味甜醇，叶底细嫩匀整、红亮。海青红茶茶汤的浓度比南方红茶更有优势，形成了海青红茶滋味鲜醇、醇厚，香气甜浓，耐冲泡的品质特点。

表2-8 海青红茶感官品质特征

级别	外形	香气	滋味	汤色	叶底
特级	乌润、匀齐、洁净	鲜嫩甜香	鲜醇浓爽	红艳明亮	细嫩、软亮、匀整
一级	乌润、匀整、净	甜浓	甜醇爽口	红尚亮	软亮、尚匀整
二级	乌褐尚润、尚匀整、尚净	甜香	甜醇尚爽	尚红明	尚软亮、尚匀整
三级	乌褐、尚净、稍有梗片	纯正	醇正平和	欠红明	欠软亮、欠匀整

2. 海青红茶主要生化成分及感官审评

丁立孝等对海青成品红茶的生化成分进行测定分析后发现，同一批次海青成品红茶与鲜叶相比，游离氨基酸与咖啡碱含量都有所下降，这形成了红茶滋味甜醇、苦涩味轻的生化基础。红茶为全发酵茶，发酵过程中多酚类物质，尤其是儿茶素类与多酚氧化酶发生了强烈的氧化反应，生成茶黄素、茶红素、茶褐素等。同时，在这个氧化过程中发生偶联氧化反应，红茶中儿茶素显著下降，从而形成了红茶特殊的色、香、味等品质。海青红茶初制过程主要生化成分变化如下。

（1）**水分** 红茶初制过程中水分含量有明显的降低趋势，由鲜叶水分含量78.47%，降低至初制结束时的毛茶水分含量6.21%。

（2）**茶多酚及儿茶素** 整个红茶初制过程中，茶多酚类物质大部分发生酶促氧化与自动氧化，茶多酚含量、儿茶素总量减少幅度分别为52.01%与76.60%。

（3）**游离氨基酸** 经过揉捻、发酵、干燥各工序，游离氨基酸含量呈不断下降的趋势。至初制结束，游离氨基酸含量由鲜叶的3.33%减少到3.11%。

（4）**儿茶素组分及咖啡碱** 儿茶素在红茶初制过程中发生酶促氧化反应，氧化聚合生成茶黄素、茶红素等。其中，非酯型儿茶素C在萎凋过程有增加的趋势，但后期剧烈减少，至初制结束减少了68.29%；非酯型儿茶素EGC至初制结束减少幅度为22.59%；酯型儿茶素EGCG、ECG完全参与了氧化反应而消耗殆尽（表2-9）。

在鲜叶萎凋、揉捻工序，咖啡碱含量呈现一定的上升趋势，在发酵、干燥过程中，咖啡碱含量逐渐下降。咖啡碱是茶汤的苦涩物质，它的适当减少使红茶茶汤收敛性及苦涩味降低，有利于红茶鲜醇滋味的形成。

表2-9 红茶初制过程茶样5种儿茶素组分含量的变化

儿茶素组分	红茶各初制过程含量 /%				
	鲜叶	萎凋	揉捻	发酵	干燥
EGC	3.63	3.11	3.06	2.92	2.81
C	2.46	2.70	0.86	0.82	0.78

续表

儿茶素组分	红茶各初制过程含量 /%				
	鲜叶	萎凋	揉捻	发酵	干燥
EC	—	—	—	—	—
EGCG	3.57	5.07	—	—	—
ECG	2.76	3.16	—	—	—

（5）茶黄素（TF）、茶红素（TR）、茶褐素（TB） 总的来说，多酚氧化产物总的变化趋势是TF含量有所下降，降幅为26.67%；TR和TB含量增加，TR、TB相比萎凋叶分别增加了18.9%、2.6%。海青红茶的毛茶TR/TF=10.27，由于TR/TF在10～15之间，红茶品质最好，海青红茶符合优质红茶的要求（表2-10）。

表2-10 红茶初制过程茶黄素、茶红素、茶褐素含量的变化

红茶色素	红茶各初制过程含量 /%			
	萎凋	揉捻	发酵	干燥
TF	0.15	0.50	0.56	0.11
TR	0.95	0.90	0.99	1.13
TB	2.30	2.20	2.25	2.36

第三节 海青茶的保健作用

一、茶叶的营养保健生化成分

茶叶的营养保健生化成分见图2-1。

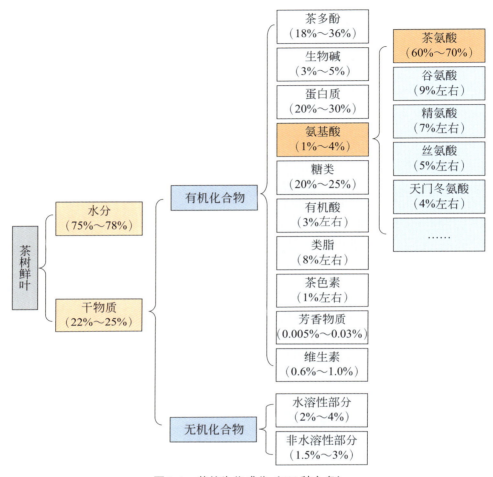

图 2-1　茶的生化成分（500种之多）

1. 水分

水分是茶树生命活动中必不可少的成分，是制茶过程中一系列化学变化的重要介质。制茶过程中茶叶色、香、味的变化就是伴随着水分变化而变化的。因此在制茶时，常将水分的变化作为控制品质的重要生化指标。

茶鲜叶的含水量一般为75%～78%，鲜叶老嫩、茶树品种、季节不一，含水量也不同。一般幼嫩芽叶、雨水叶、露水叶、大叶种，以及雨季、春季的叶含水量较高；老叶、中小叶种，以及旱季、晴天的叶含水量较低。

2. 茶多酚

茶多酚是存在于茶树中以儿茶素为主体的三十多种多酚类化合物的总称，亦称"茶鞣质""茶单宁"，包括儿茶素类、黄酮及黄酮苷类、花青素和花白素类、酚酸和缩酚酸类四大类物质。茶多酚是茶叶区别于其他植物的很重要的一类化合物，其中，占茶多酚总量70%的儿茶素类，是决定茶汤滋味和收敛性的主要呈味物质。有研究表明，较高的儿茶素类物质具有较好的抗动脉硬化及抗癌作用。茶多酚易溶于水，其氧化产物能与蛋白质结合而沉淀。茶多酚是茶叶中重要的功效成分，约占茶叶干物质总量的18%～36%。多酚类化合物有助于抗氧化、减轻重金属的毒性、保护心血管系统的健康、防止动脉粥样硬化、防止因放射线照射而发生白细胞缺乏症，以及有一定排毒、利尿、灭菌的作用；有改进血管渗透性能、降低血压、增强血管壁和心肌、促进维生素C的吸收与同化、抑制细菌生长和帮助消化的功效；也可在一定程度上使甲状腺功能亢奋者恢复正常，抵制引起突变的变异性，抑制癌细胞，防止血栓的形成等。因此，多项保健作用都与茶多酚有关，茶多酚一般对人体无毒副作用，还有一定的抗辐射、除口臭、减少口腔牙垢形成、抗菌、降血糖和有益心血管的作用。

3. 蛋白质

茶叶中的蛋白质含量占干物质总量的20%～30%，能溶于水直接被利用的蛋白质含量仅占1%～2%。这部分水溶性蛋白质是形成茶汤滋味的成分之一。

4. 氨基酸

氨基酸是组成蛋白质的基本物质，含量占干物质总量的1%～4%。茶叶中的氨基酸已发现有茶氨酸、谷氨酸、天冬氨酸、丙氨酸等26种，尤以茶氨酸含量最高，占氨基酸总量的50%以上，是茶叶品质的重要成分。各种氨基酸季节变化规律明显，氨基酸总量表现为春高、秋低、夏居中的趋势，这也是春茶较为鲜爽的原因。

茶叶中的氨基酸易溶于水，口感上中和了多酚类、咖啡碱的苦涩味，游离氨基酸对茶叶色、香、味的形成起到重要的作用。游离氨基酸含量高的鲜叶，其氮代谢旺盛，持嫩性强，制成的干茶条索紧细、色泽油润。在滋味方面，游离氨基酸本身就是滋味因子，如茶氨酸具有类似味精的鲜爽和焦糖的香气，对茶汤的滋味和香气都有良好的作用。在香气形成方面，在红茶发酵中，氨基酸可以发生生物化学变化形成香气物质。

5. 生物碱

茶叶中含有以嘌呤类为主的生物碱，包括咖啡碱、可可碱和茶碱，都是弱碱性生物碱，这三种生物碱的药理作用相似。其中以咖啡碱的含量最多，约占干物质总量的2%～5%；其他含量甚微。

咖啡碱因最早于1820年从咖啡中被发现而得名，别名是甲基可可碱（1，3，7-三甲基黄嘌呤），具有苦味，可溶于水，可提神醒脑。咖啡碱不仅是茶叶化学成分的特征物质，也是茶叶区别于其他植物而成为饮料的主要原因。

咖啡碱是影响茶叶品质的主要因素，是强力神经兴奋剂，能使头脑思维活动更为迅速清晰、消除睡意、消除肌肉的疲劳、使感觉更敏锐、运动功能有所提高。咖啡碱在冲泡的茶汤中能溶解约80％，通常一两杯茶中含有咖啡碱

150～250mg，茶叶中的咖啡碱可刺激肾脏，促使尿液迅速排出体外，提高肾脏的滤出率，减少有害物质在肾脏中滞留的时间。咖啡碱还可排除尿液中的过量乳酸，有助于使人体尽快消除疲劳。但过量饮茶和饮浓茶，会过度刺激肾脏，使人体排尿过多，不利于肾脏功能运转，体内水分过少，还会引起便秘。

6. 糖类

茶叶中的糖类物质包括单糖、寡糖、多糖及少量其他糖类。其含量占干物质总量的20%～25%。

单糖和双糖又称可溶性糖，易溶于水，含量为0.8%～4%，是组成茶叶滋味的物质之一。茶叶中的多糖包括淀粉、纤维素、半纤维素和木质素等物质，含量占茶叶干物质总量的20%以上。多糖不溶于水，是衡量茶叶嫩度的重要成分。茶叶嫩度低，多糖含量高；嫩度高，多糖含量低。

7. 果胶

茶叶中的果胶等物质是糖的代谢产物，其含量占干物质总量的4%左右。果胶的存在有利于茶叶加工过程中手工揉捻成形，且跟茶汤黏稠度等有关。水溶性果胶是形成茶汤厚度和外形光泽度的主要成分之一。

8. 有机酸

茶叶中的有机酸种类较多，其含量为干物质总量的3%左右。茶叶中的有机酸多为游离有机酸，如苹果酸、柠檬酸、琥珀酸、草酸等。在制茶过程中形成的有机酸，有棕榈酸、亚油酸、乙烯酸等。

茶叶中的有机酸是香气的主要来源之一，现已发现茶叶香气成分中有机酸的种类达25种，有些有机酸本身虽无香气，但经氧化后转化为香气成分，如亚油酸等；有些有机酸是香气成分的良好吸附剂，如棕榈酸等。

9. 脂类

茶叶中的脂类物质包括脂肪、磷脂、甘油酯、糖酯和硫酯等，其含量占干物质总量的8%左右，对形成茶叶香气有着积极作用。脂类物质在茶树体的原生质中对进入细胞的物质渗透起着调节作用。

10. 茶色素

茶叶中的色素包括脂溶性色素和水溶性色素两部分，其含量仅占茶叶干物质总量的1%左右。脂溶性色素不溶于水，溶于有机溶剂，主要是叶绿素、叶黄素和胡萝卜素，这类色素对干茶色泽和叶底色泽具有很大影响；水溶性色素，主要是类黄酮、花青素，以及其他茶多酚的氧化产物(如茶红素、茶黄素等)，能溶于水，它们是构成红茶外形色泽、汤色及叶底色泽的成分，其含量及变化对茶叶品质起着至关重要的作用。

茶黄素（Theaflavins，TFs）是红茶中的主要成分，是多酚类物质氧化形成的一类化合物的总称。茶红素（Thearubigins，TRs）是一类复杂的酚性化合物，呈红褐色。茶褐素（Theabrownine，TB）是一类水溶性非透析性高聚合的褐色物质，主要组分是多糖、核酸、蛋白质和多酚类物质，由茶黄素和茶红素进一步氧化聚合而成。

茶叶中的类胡萝卜素是组成茶叶香味的色素之一，类胡萝卜素能转变为维生素A。在制茶过程中，黄烷醇会转化为其他物质，对茶汤的香味影响很大，与咖啡碱结合后可以降低涩味，咖啡碱的苦味也能降低，有助于防治因放射线照射而发生的白细胞缺乏症。茶汤对霍乱、痢疾、伤寒等有一定疗效，并有说法在一定程度上可抑制癌细胞。茶叶中的叶绿素有一定杀菌、抑制溃疡的消炎作用，可有益于慢性骨髓炎和慢性溃疡、皮肤创伤、烧伤，促进组织再生等。

11. 维生素

茶叶中含有丰富的维生素类，其含量占干物质总量的0.6%～1%。饮茶可使茶叶中的各种维生素群作为一种复方维生素补充人体对维生素的需要。茶叶维生素分为两类：水溶性维生素，包括维生素B类、肌醇、维生素C等，高级绿茶中维生素C含量可达0.5%；脂溶性维生素，包括维生素A、维生素K、维生素D、维生素E。脂溶性维生素不溶于水，饮茶时不能被直接吸收利用。

12. 矿质元素

茶叶中有近30种矿质元素，含量最高的是磷、钾元素，其次是钙、镁、铝、铁、锰、硫元素，微量元素有铜、锌、钴、镍、硼等，这些元素对人体的代谢活动具有重要作用。

茶叶矿质元素占干物质总量的4%～7%，在茶叶出口检验中通常不宜超过6.5%。在这些成分中，有50%～60%为水溶性，其余为非水溶性。与一般食物相比，饮茶对钾、锰、锌、氟等的摄入意义更大。茶叶中还有对人体生理功能有重要药理作用的元素，如铝有益于痢疾、黄疸及喉症，汞有一定杀菌、消炎的作用，铅有收敛、制泌的作用等。茶叶中含有的这些元素有着协调的含量，且茶叶所含的一些特殊性物质，如多酚类化合物、茶黄素等能抗某些金属的毒性，从饮茶中获得的微量元素，一般不会导致中毒。

二、不同茶叶的营养保健作用

科学研究证实，茶叶含有与人体健康密切相关的生化成分，茶叶药理功效之多、作用之广，是其他饮料无可替代的。

1. 海青绿茶的养生保健作用

绿茶属于不发酵茶，富含多酚类物质、氨基酸、维生素等活性成分。海青绿茶味苦，微甘，性寒凉，是清热、消暑、降温的凉性饮品。绿茶具有抗氧化、抗衰老、降血压、降脂减肥、抗突变、防癌、抗菌消炎的作用。因绿茶性寒凉，若虚寒及血弱者久饮之，则脾胃更寒，元气倍损，故绿茶不适合胃弱者和寒性体质人群饮用。

2. 海青红茶的养生保健作用

红茶为全发酵茶，其中含有的多酚类物质在酶的催化和氧化下形成茶黄素和茶红素等。海青红茶性温热，暖胃，散寒除湿，具有和胃、健脾之功效，可驱寒暖身。红茶对脾胃虚弱、胃病患者较为适宜。红茶还具有养肝、护肝的作用，具有明显的抗凝和促纤溶作用，可在一定程度上防止血栓的形成，具有保护心血管的益处。

3. 海青乌龙茶的养生保健作用

乌龙茶为半发酵茶，其各种内含物含量适中，汤色橙黄明亮，滋味醇厚爽口，天然花果香浓郁持久，饮后回甘留香。乌龙茶性温不寒，具有良好的消食提神、顺气健胃作用。乌龙茶的天然花果香可令人精神振奋，心旷神怡；香气能使血压下降，引起深呼吸，以达到镇静的效果。乌龙茶适合饮用的人群较广。现代医学研究表明，乌龙茶有益于抗氧化、预防肥胖、预防心血管疾病、防癌、防龋齿、抗过敏、解烟毒、抑制有害菌、保护神经、美容护肤等。乌龙茶在一定程度上可以降低胆固醇和减肥，其抗动脉粥样硬化效果优于红茶和绿茶。

4. 海青白茶的养生保健作用

白茶保留了茶树鲜叶大量的茶多酚、茶氨酸、黄酮、咖啡碱、可溶性糖等风味和营养成分,还含有芳樟醇氧化物Ⅰ和Ⅱ、芳樟醇、苯乙醇、香叶醇等香气成分,并且其成分组成改变在六大茶类中最小。白茶加工过程中吸收的热量少,茶味清淡,其性寒凉,是民间常用的降火凉药,具有消暑生津、退热降火、解毒的功效。另外,白茶与其他茶类相比较,在调控尿酸、保护肝脏,以及保护口腔卫生、调节血糖、抗辐射、抑菌、抗病毒、抑制癌细胞活性等方面的保健效果更具特色。

第三章 海青茶栽培与加工技术

第一节
茶树生态习性

茶树为高等植物,由根、茎、叶、花、果实、种子器官组成。茶树形态器官的形成、生长和衰老等生命活动,构成茶树生长年变化。在茶树长期的系统发育过程中,逐渐形成了与气候、土壤和地形等环境因素相适应的特定生态习性,即茶树具有喜温、喜湿、喜阴、喜酸、嫌钙、忌氯等诸多特性。

一、光照

光是茶树进行光合作用形成碳水化合物的必要条件,光照对茶树生长发育的影响,主要取决于光照强度和光的性质。

光照强度影响茶树光合物质的形成和茶叶品质。在低光照强度条件下,茶树枝条往往发育较为细弱。叶片的叶绿素含量增加,氮素代谢更为旺盛,叶片生长大而薄,叶色浅,质地较柔软,水分含量和芽叶嫩度增高,含有较多的氨基酸,对制作香浓、味醇的绿茶十分有利。这也是生产蒸青茶叶时,茶园采用遮阳网覆盖降低强光直射来提高绿茶品质的重要原因。而在高光照强度条件下,茶树芽叶细胞排列紧密,表皮细胞较厚,叶片较为坚实,颜色相对较绿且富有光泽,有利于茶多酚类等内含物累积,适宜于制作汤色浓艳、滋味强烈的红茶。

光的性质也影响茶树生长发育和茶叶品质。到达地面的太阳辐射光主要分直射光和漫射光两种。漫射光中含有较多的红光、橙光和黄光,几乎可以全部被茶树利用,易于叶绿素吸收和形成,茶叶水分、全氮和氨基酸含量高,持嫩性好；直射光中含有的蓝紫光比重较大，有利于蛋白质合成和色素形成。

二、温度

茶树是喜温植物，温度高低制约着茶树生长发育速度，决定着茶树一年生长期长短，影响着茶树地理分布。温度对茶树的影响，主要表现为空气温度、土壤温度和昼夜温差。

空气温度，亦称气温，主要影响茶树地上部分生长。在茶树生长发育的每个阶段有三个气温界限，称为"温度三基点"，即最低温度、最适温度和最高温度。一般认为，适宜茶树经济栽培的年平均气温在12℃~28℃，以年平均15℃~23℃和有效积温3500℃~4000℃最为适宜；茶树生长季节的月平均气温不能低于15℃；当春天连续数天日平均气温达到10℃以上时，茶芽开始萌动、伸展。茶树生长最适宜的日平均气温为15℃~30℃。15℃~20℃时新梢生长旺盛，品质也好；20℃~30℃生长虽快，但芽叶易衰老。茶树能忍耐的最高温度一般为34℃~40℃，生存的临界温度为45℃。在自然条件下，日平均气温高于30℃，新梢生长明显减缓或停止。如果气温大于35℃，会抑制茶树生长；若高温天气持续一周以上，易造成大气和土壤干旱，茶树会出现旱热灾害，新梢枯萎，老叶脱落。秋冬季节气温下降到10℃以下时，茶树地上部分进入休眠状态，停止生长。茶树对低温的忍耐程度因品种而异。灌木型中、小叶茶树忍耐低温的能力较强，而乔木型大叶种则较弱。如祁门种、鸠坑种、龙井种忍耐温度为-18℃~-12℃，而云南大叶种为-5℃。因此，在引种茶树时，既要考虑品种生产性能，又要考虑本地气候条件。低温对茶树的危害，与低温发生的时期、持续时间的长短，以及茶树本身耐寒程度有关。特别是当冬季北风强劲，又无雨雪，气温与土温都很低的情况下，会加重茶树受害程度。

土壤温度，亦称土温，主要影响茶树地下根系生长。当土温为8℃～10℃时，根系生长开始加快，25℃左右时生长最适宜，达到35℃以上时根系停止生长。在生产上，可根据四季土温变化规律，采取不同的栽培和管理措施。如秋冬季增施有机肥、铺草和搭棚覆膜，可利于提高土温，促进春茶早发；而夏秋季节茶行间铺草，可减轻太阳直射，降低土温。茶园四周设立防护林带，可以改善茶园小气候，有效调节土温、气温和空气湿度状况，促进茶树生长发育。

温差大小影响茶叶生长发育和品质。温差包括昼夜温差和不同时期的温差。一般来说，昼夜温差大，茶树新梢发育缓慢，白天温度高，同化物积累多，持嫩性强，茶叶品质好；而昼夜温差小，夜晚温度相对高，呼吸消耗大，茶树积累的养分少，茶叶品质较差。

三、水分

水是茶树有机体的重要组成部分，茶树体内一切生命活动离不开水。据测定，整株活茶树体内水分含量占55%～66%，而茶树新梢的含水量高达70%～80%。

茶树是一种叶用作物，水分主要来源于降水和空气湿度。在茶树生长期间，嫩芽不断地被采收，又不断地萌发出新芽叶，需要不断地补充水分。所以，茶树的需水量要多于一般树木。适宜种茶地区的年降雨量必须在800mm以上，茶树生长季节的月降雨量宜超过100mm，空气湿度为70%以上，土壤湿度为田间持水量的70%～90%。降雨量和分布不适当的可以通过灌溉等措施补充。

降雨量和降雨季节的分配，对茶叶的产量和品质影响都很大。茶树在不同的生长发育阶段和时期，对水分的要求不同。茶树生长旺季，因嫩芽持续萌发生长，需要更多的雨水和适宜的气温。如果降雨量少，空气湿度低，那么茶芽生长缓慢，茶叶产量低、品质差。我国大部分茶区因降雨量不平衡，特别是夏秋季，常有"伏旱"和"夹秋旱"发生，影响夏秋茶产量和品质。在茶树干旱季节，实行茶园喷灌，对提高土壤和大气湿度、降低叶温具有很好的效果，能显著提高茶叶产量和品质。

茶树是一种"既喜水又恶水"的作物。水分过多，特别是排水不良，或地下水位过高，由于土壤通气不良，土壤氧气缺乏，阻碍茶树根系吸收和呼吸，易造成茶树根部受害，导致吸收根减少，主根和侧根变为黑褐色。与之相对应，地上部分叶色变黄，枝干回枯，落叶严重，造成湿害。应及时采取排水和填土措施，改善茶园土壤通透性。水分过少，茶树树梢生长缓慢，发芽量减少，叶形变小，叶色失去光泽，很快形成对夹叶。严重缺水干旱时，新梢顶点停止生长，接着成熟叶片的水分被夺取，使成熟叶片失水萎蔫下垂，导致落叶。严重者枝叶枯焦，甚至植株死亡。

四、土壤性状

土壤不仅是茶树根系伸展、固持的介质，又能为茶树生长发育提供极大部分的水分和养分，以及部分温度和空气。土壤质地的好坏、养分含量的多少、酸碱度的高低、土层的厚薄等都会对茶树生长产生很大影响。

1. 土壤质地

一般以土壤质地疏松的砂壤土为好。种茶的土壤必须拥有良好的排水性能，地下水位应在地表1m以下，茶树生长在湿润砂壤土环境中，土壤的固、液、气三相的比例协调，通气、蓄水、保肥、保温效果好。由于根系发育好，有利于茶氨酸的合成，茶叶香气和滋味也特别好。

2. 土壤酸碱度

茶树对土壤的酸碱度很敏感，它只能生长在酸性土壤中，适宜生长的土壤pH值范围为4.0～6.5，以pH值4.5～5.5为最好。当土壤pH值高于6.5时，茶树生长逐渐停滞，以至死亡。当土壤pH值低于3.5时，茶树生长发育也有不良反应。

茶树有喜酸特性。第一，由茶树的遗传特性所决定。茶树原产于我国西南部，其产地土壤呈酸性，茶树长期在酸性土壤上生长，逐渐对这种土壤产生了适应性，茶树根部汁液及其分泌的多种有机酸对土壤酸性的缓冲能力较大。第二，由茶树根系微生物生存环境决定。茶树土壤微生物主要有细菌、放线菌、真菌、藻类和原生动物等，而其中真菌有利于改善和促进茶树生长发育。土壤呈酸性，真菌数量增多。在长期的系统发育过程中，酸性土壤为和茶树共生的内生菌根真菌提供了理想的共生环境，一些真菌寄生在茶树根里形成了共生复合体，真菌菌丝围绕根系，内与皮层细胞相通，外延伸到土壤中，极大地增加了根系吸收面积，从而改善了茶树的营养与水分条件。第三，由茶树生长发育需要决定。土壤中铝离子存在对大多数植物来说并非重要元素，甚至会出现毒害作用。可茶树就不一样，生长发育需要一定的可溶性铝，健壮的茶树含铝高达1%左右。在中性或碱性土壤中铝离子很少，酸性土壤则含有较多的铝离子，酸性越强，铝离子越多，酸性土壤正好能满足茶树这一要求。

茶树是嫌钙植物。钙是茶树的必需营养元素，茶树生长发育需要一定量的钙，但数量不能太多，土壤中的活性钙含量超过0.05%时，对茶叶品质有不良影响；超过0.3%时，茶树生长不良；超过0.5%时，茶树就会死亡。土壤中活性钙含量与pH值密切相关，pH值越高，活性钙的含量越高。一般酸性土壤含钙量正好符合茶树生长的需要。

茶树是忌氯植物。茶树对氯离子也较为敏感，特别是幼龄茶树，当大量施用含氯量较高的肥料，如氯化铵、氯化钾时，会影响其生长，严重时导致落叶，甚至死亡。但成龄茶树对氯离子的忍耐能力较强，施用适量的氯化钾一般不会发生氯害。

由此，酸性土壤是宜茶土壤。土壤酸碱度测定的最简单的方法，是用石蕊试纸比色测定。如无条件，也可以根据地面上有无杉树、马尾松、杨梅、油茶、映山红、铁芒萁等酸性土壤指示植物的生长来确定，凡有这些植物生长的土壤都适宜种茶。

3. 土壤厚度

茶树根系发达，是多年生的深根性植物，主根大多数可达1m以上，侧根和须根在土层四周密集分布，在土层深厚的土壤中可以得到良好的发育。适宜茶树生长的土壤，不但表土层要厚，而且全土层也要厚。据试验测定：同一块地、同一品种和相同管理条件下，茶叶产量与土层深度的关系十分密切，茶叶产量随着土层深度的增厚而增加。另据生产实践表明，种茶的土层深度一般应不少于60cm。在考虑土壤厚度时，还必须结合当地成土母岩的种类和风化程度。有些种茶地块表土不厚，可使用深翻和重施有机肥料等改土措施，母岩很快风化为烂石，这种土壤依然适宜种茶，并可获高产优质的制茶原料。

适宜种茶的土壤，有效土层内无硬隔层、网纹层和犁底层等障碍层，以利于根系生长和通气、透水。此外，还应有良好的团粒结构和比较丰富的营养物质。所以，在茶园建设和管理过程中，采用增施有机肥料、合理耕作、铺草等管理措施，能促进茶园土壤团粒结构的形成，培育成丰产茶园。

五、地形条件

茶园地形的变化影响茶树微域气候和土壤条件，也影响茶树的生长发育、茶叶的产量和品质。茶园地形条件，主要是指海拔高度、地势起伏、坡度和坡向四个方面。

1. 海拔高度

海拔高度不同的地区，其热量条件也不同。通常在海拔1500m以下，一般每升高100m，温度降低0.3℃～0.4℃。随着海拔的升高，气温降低，漫射光增多，昼夜温差和湿度增大，有利于提高茶叶香气和滋味，故有"高山出好茶"之说。但当海拔超过一定高度后，茶园积温减少，空气湿度和降水量开始下降，茶树生长期也随之缩短，也不利于茶叶产量和品质的提高。一般认为，茶园海拔在200～700m范围内茶树往往生长良好，茶叶产量和品质也较好；超过1000m的茶园，茶树生长不如前者，且易发生白星病。

2. 地势起伏

地势起伏与地形类型有关，通常指的是地表的相对高差，平地高差通常小于20m，丘陵高差不超过100m，山地可超过100m。一般来说，地势起伏越小，越有利于茶园集中成片，有利于水利建设和机械操作。因此茶园建设在平地或缓坡上比丘陵山地有利。但有的地区茶树主要种植在丘陵山地，所以在选择茶园地块时，不必强求集中成片、水利建设和田间机械作业，应按照实际情况具体设计。另外，热量和水分的分布也与地势有关。例如，四周没有屏障的孤山地块，山间峡谷冷空气容易下沉，冬季易受冻害，不适宜种茶；近海地区，特别是高山迎风面，受海洋季风的影响，夏季容易遭受狂风暴雨袭击，土壤被冲刷，建园时应采取保土措施。

3. 坡度

坡度大小关系到接受太阳热量的多少和温度的昼夜变化。同为向阳的南坡，坡度大的接受太阳辐射量比坡度小的多。但随着坡度的增大，水土冲刷加重，对茶树生长也不利。据测定，坡度为20°的新垦茶园，第一年的土壤冲刷量每亩达到16.7吨，是坡度为5°的茶园的三倍多。所以，选择新茶园时，地形坡度不应超过30°。坡度太陡，不但建园费工，而且管理困难，茶叶产量也不会高。

4. 坡向

明代罗廪撰写的《茶解》（1609年）中指出："茶地南向为佳，向阴遂劣，故一山之中，美恶相悬。"可见，古人早已认识到坡向对茶叶产量和品质的影响很大。向阳的坡地茶园，与谷地、平地茶园相比，由于受光面积大，又能避免与减轻寒风的袭击，冷空气容易下沉，所以冬季的气温相对较高。南坡与北坡相比，获得的热量较多，近地面的土温比较高、蒸发量较大，所以夏季干旱比较严重的地区，南坡种茶更要注意抗旱保水。东坡和西坡的效果介于南坡与北坡之间，不过东坡温度上午高、下午低，西坡正好相反，但总的来说西坡温度高于东坡。这些情况，在建园规划时应有所考虑。

第二节
海青茶栽培管理技术

一、茶园规划

茶树为多年生木本常绿植物，其寿命长达百年以上，一次种植后可长年生产。在园地规划与设计时，需按照实际情况，对区块划分、道路网、排灌系统、行道树、茶园生态以及防护林网等的设置进行全面考虑，详细调查种茶区域的土壤、地势、地形、水源和林木分布情况，制订好综合治理规划，力求把茶、林、渠、道有机地结合起来，既与整个农田基本建设规划相联系，又能适应机械化作业，便于茶园管理，提高土地的利用率。

茶园规划设计主要包括：园地选择、园区整体规划、路网规划、排灌规划、林网规划及茶园土地整理等。

（一）园地选择

海青茶区茶园选择可概括为环境优良、植被良好、背风向阳、土层深厚、土壤呈酸性、有水浇条件的缓坡地。同时，空气、土壤、水源条件要符合有机茶园、绿色食品茶园、无公害茶园、农产品全程质量控制技术（CAQS-GAP）、良好农业规范（GAP）以及其他标准化生产模式等茶园发展目标。

根据茶树生长特性，宜选择山丘南面或东面的背风向阳处、坡度在25°以下的缓坡地带种茶，5°～15°缓坡地更有利于茶园机械化管理。茶园土壤呈酸性或微酸性，pH值在4.0～6.5为宜。从植被来看，凡地面长有映山红、黑松等植物的是酸性土壤，适宜种茶。以壤土或砂壤土为宜，土质疏松，土层深厚，结构良好。对土壤结构差、肥力低的地块需深翻改土。

（二）园区规划

选好茶园园地后，应组织有关科技人员到现场勘察，将园地形状、面积、土壤质地、土层厚度及原有植被等情况标在自己绘制的草图上或从地质部门索取的正规图上，再进行综合规划，达到茶树良种化、排灌系统化、林网生态化、管理现代化的"四化"茶园标准。

1. 整体规划

为了便于生产管理和园内各项主要设施的布置，首先要进行总体规划，按照茶园园区的基本功能分为生活区、加工区、茶园区等几大区域。生活区，主要包括行政或管理中心、旅游文化区、餐饮区、品茶厅等区域；加工区，主要是厂房、仓库等区域；茶园区，主要包括茶园用地、林网用地、路网用地、水利灌溉设施用地和其他经济作物占地等。

各种用地所占面积一般来说为：茶园用地65%～80%；农业设施用地3%～8%；植树及其他用地10%～15%；道路、水利设施等用地10%～17%。在具体规划设计中要根据茶园不同发展目标要求，视情况灵活变动。如"茶园+旅游观光园"生产模式，可适当减少茶园用地来增加附属功能区面积。

2. 路网规划

在开垦之前就要规划好道路，一般分为干道、支道和步道，互相连接组成道路网。干道是连接各生产区、制茶厂和场（园）外公路的主道，一般路宽6～8m，能供两辆车对开行驶；支道是茶园划分区片的分界线，其宽度以能通行手扶拖拉机和人力车为准，一般宽2～5m；步道是茶园地块和梯层间的人行道，宽2～3m。有条件的主干道可硬化，道路两旁安装路灯。

3. 排灌规划

山东省具有"春旱、夏涝、秋又旱"的气候特点，水分往往成为影响茶叶产量的主要因素。排灌设施包括保水、灌水、排水三方面，主要由渠道、主沟、支沟、隔离沟、水库、塘坝、管道和机埠组成。

茶场内大大小小的排灌沟渠，应同主道、支道、生产道旁的沟结合起来，既能浇水，又能排水，达到排水、灌溉、隔离沟（防护林网与茶园之间的沟）

三结合，实现蓄水抗旱和解决施肥、喷药用水。采用地下管道灌溉可节约用水，其排灌系统与路交叉处应设小型桥涵，做到道路、水路均畅通无阻。

4. 林网规划

海青茶区种植茶树须重视防护林建设，防护林网不仅可保持水土，涵养水源，提高相对湿度，降低风速，调节寒冬与炎夏的气温，避免或减轻茶树受害，优化生态环境。同时，能增加用材林，提供林副产品，增加经济收入，还可为茶园提供有机肥料（图3-1）。规划营造防护林带，首先要确定林带的方向、林带间的距离，林带的结构和构成树种，宜从当地地形、气候出发，选择与茶树相生、无共同病虫害、根系较深、与茶树争水争肥少以及能提高茶叶品质的树种，达到三季有花、四季常绿，实现生物多样性。

图3-1 海青龙泰茗茶园防护林带

防护林网可分为主林带和副林带。主林带可设在山脊、风口处，或者在茶园西侧、北侧，可用乔木加灌木2～6行。黑松行距1.5m，株距1～1.5m；侧柏行距1m，株距0.3～0.5m；蜀桧行距1m，株距0.5～1m；也可用火炬松、竹子等。

副林带是主林带防护效果的补充，一般设计为：[主林带未来树高（m）+地势（m）-1]×10=副林带间距（m）。可设在茶园内单个生产小区路边、渠道旁、地埂上，可种乔木、灌木2~3行，宽度2~3m，行距1m，常用树种有黑松、火炬松、侧柏、蜀桧等。副林带东西路一般设在路南，路北为观光树；南北路一般设在路东，路西为观光树。在地埂可以间作相生树种，如板栗、柿树、桂花、银杏、合欢、大叶女贞、广玉兰等，但不可栽种过密，更不能种在茶行里，树冠应高出地面2.5m以上，以免妨碍茶树的生长。

在营造防护林网的同时，应在山岭顶、沟渠旁及空闲地上栽树或种草，茶园田埂上栽植苜蓿、薄荷、薰衣草等，既可涵养水源，减少水土流失，趋避害虫，又可用鲜草、树叶沤制土杂肥，以作为茶园基肥。

5. 茶园土地整理

按照总体规划设计，以保持水土为中心，以深耕改土为重点，坚持保护生态环境和经济用地的原则，严格掌握园地开垦质量标准。凡是在规划之中的道路、树木要尽量保留，地面杂草直接翻入土中，对高低不平的地形加以整平改造。

平地茶园的深耕时间宜在夏季或秋冬季，耕翻后的土块经夏季曝晒或严冬"冻垡"，有利于土壤熟化。开垦前，先清除乱石、杂草等，然后普遍深耕80cm以上；深耕后，再平整土地。缓坡茶园深耕按照坡度大小，分段开垦，沿等高线进行带状深耕。深耕后，搬高填低，加培客土，达到地面平整、土层深厚。梯地茶园深耕一般应开垦为等高水平梯田，要进行清杂、测量、定线、筑梯、深翻、整地等。茶园整地要做到以下几点。

（1）平整土地　将坡度小于15°的园地整成大块田；坡度在15°~20°的建成等高梯田，深翻80cm以上，做到底上两平，上为平整，底为水平；排水沟深度需大于65cm。

（2）划行挖沟　在冬季或早春划行挖沟。行的方向为东西（保护地可南北向），以地边60~80cm为中心，开始挖宽80cm、深60cm的施肥沟，采用大行距120cm×双行距30cm为一个条带，依次以大行距加小行距为下一行中心挖。用手扶拖拉机单犁双向开沟，人工清土，再用拖拉机开沟清土，重复两次可达60cm；也可深挖50cm，撒上一层肥加改土剂后，再用镐刨至60cm。挖沟时，需生土与熟土分开，所有施肥沟需有一头开到排水沟，便于排水。

（3）施足基肥　茶树需要的土壤固相、气相、液相比是1∶1∶1，每亩可施茶树专用肥或生物肥400~500kg，也可施腐熟农家肥5000kg以上，过磷酸钙100kg，豆饼200~1000kg等。对砂性土壤、黏性土壤或养分过低的地块，可通过多施有机肥或客土进行改良。土壤pH值大于6.5的，每亩施硫酸亚铁100kg或硫磺粉50kg改土。具体方法为：将各种肥料、硫酸亚铁、土拌匀施入沟内，沟深度在30cm以上，可用未腐熟好的有机肥和生土；深度在12~30cm必须用腐熟好的有机肥；深度在7~12cm用熟土回填。灌水沉实，待土壤适宜时，整区畦深度保持在7cm左右，整平，待划行挖沟施肥。

二、茶树种植技术

茶树种植是建立高产优质茶园的基础，主要包括种植模式、施足底肥、茶籽播种或茶苗栽植、苗期管理等内容。

1. 种植模式

根据多年的生产实践，适宜的海青茶区种植模式是双行密植。

（1）有性系茶籽直播　采用大行距120cm×双行距30cm×丛距30cm（每丛2~4株），以东西方向种植为宜。为了便于管理，设施生产或设施越冬的茶园可设大、小行距间隔种植模式，即小行距100cm×双行距30cm×丛距30cm，大行距150cm×双行距30cm×丛距30cm；两行扣一弓棚，一大行、一小行间隔种植；三行扣一拱棚，一大行、两小行种植，以此类推。茶行方向根据地形确定，如茶园环境条件好、土层深厚、土壤肥沃、水浇条件好的地块，行距也可适当加大。利用机械化操作的茶园，可依据机械作业要求适当调整茶园行距。

（2）无性系茶苗栽植　采用大行距120cm×双行距30cm×丛距20cm（每丛2株），或大行距120cm×双行距30cm×株距20cm。采取设施生产或设施越冬的无性系茶园，可参照茶籽直播设施越冬种植模式。

2. 施足底肥

茶树属于多年生深根植物，种植前施足底肥是增强茶树树势、增加茶叶产量、提高茶叶品质、延长经济年限的关键措施。

茶园整好地、确定种植模式后，以行距中心线划行，挖施肥沟。施肥沟宽80cm，深60cm。挖沟时需生土、熟土分开，所有施肥沟需有一头开到排水沟，便于排水。

3. 播种或栽植

（1）有性系茶籽播种　根据行距划地开穴播种，双行要鸟走穴（即双行种植成等腰三角形），穴的直径10cm左右，深3~4cm，先浇水，然后每穴分布4~7粒催好芽的种子，立即复土进行保墒。常用保墒方法有培土保墒法、盖膜保墒法、草+膜保墒法。

①培土保墒法：利用茶行中的培土，堆高出地面10~15cm的土丘，也可以利用茶行土起垄10~15cm，镇压保墒。当茶籽胚根下扎后，上胚轴伸长时，即茶

苗破土尚未达到地表时,在早上或下午进行退土。退土时间过早,不易保墒,迟了易推断芽尖。退土后,将区畦内的土壤整平,在区畦内撒3cm厚的长草,再在南面插遮阳枝,遮阴度在40%左右为宜;也可在茶行撒草,茶棚上盖遮阳网。

优点:投资少,保墒好。缺点:土温低,出苗慢,用工多,退土时间严格。

② **盖膜保墒法**:开穴播种后,盖土3~4cm厚,耙平,喷一遍600~800倍乙草胺,然后用地膜覆盖。待茶芽接近出土时,要及时采取破膜、稍退土压膜、撒草遮阳等措施(图3-2)。

优点:土温高,保墒好,出苗快。缺点:投资较大,破膜需及时,易灼伤茶芽。

图3-2 茶籽播种盖膜保墒

③ **草+膜保墒法**:茶籽播种后,覆土3cm厚,耙平,喷一遍600~800倍乙草胺,盖2~3cm厚的湿长草,然后用地膜覆盖。待茶苗出土后,破膜,留膜保墒,防风刮草和杂草滋生。

优点:保墒好,土壤疏松,出苗快,破膜时间可延长,全年省工。缺点:当时用工,投资大。

(2)无性系茶苗栽植

①**栽植时间**:海青茶区采用春季茶苗移栽,这样可以避开北方茶园越冬

的问题。一般以3月上中旬为宜，春季移栽过早易造成茶树冻害，春季移栽过晚茶芽易萌发，影响根系发育和成活率。秋季茶苗移栽一般从10月初开始，秋季栽培由于移栽时土温较高，移栽茶苗发根早，长势旺盛，相对可以提高成活率。秋季移栽过早，气温高，茶苗易受伤害；秋季移栽过晚，茶树根系生长受阻，易遇到冬季茶树冻害。

②**栽植方法**：主要包括洗根、栽苗、浇定根水、覆土定剪、浇二水、插拱覆膜保墒等措施。

洗根：从外地调运的茶苗因土壤质地原因，移栽后与当地土壤不容，容易造成根际土壤板结，影响新根形成。栽植前，需对茶苗进行洗根处理，可用清水洗净茶苗根部，也可用ABT生根粉溶液蘸根，提高幼苗成活率。

栽苗：将茶苗按大小分开栽植，当茶苗高于25cm，为便于栽植可预剪至25cm，开栽植沟20cm左右深，每穴2株，株距2～3cm，扶正茶苗填土，达到根系自然舒展，覆土超过"泥门"。

浇定根水：及时浇定根水，沉实土壤。

覆土定剪：待土壤水分适宜时，覆土至泥门上2～3cm，正苗后定型修剪，定剪高度20cm左右。

浇二水：无性系茶苗浇足定根水后，要及时浇足二水，以确保土壤水分，提高茶苗的成活率。因此，茶苗栽植后，最少要浇足两遍透水。

插拱覆膜保墒：在浇透第二次水后，及时插拱覆膜保墒，薄膜用有滴膜，利于调节棚内空气温湿度。

4. 苗期管理

苗期管理主要是遮阳、保墒、通风、追肥、防病虫草害，保墒是确保茶苗成活的关键技术。

（1）盖遮阳网　无论是秋季栽植，还是春季栽植，均需在拱膜上覆盖遮阳网，遮光度以50%～60%为宜，保护茶苗不受强光照射，保证棚内温度在30℃以下（图3-3）。

（2）保墒　茶苗栽植时用小拱棚保墒，注意小拱棚覆膜要用有滴膜，不能用无滴膜，以利于形成水珠，保持棚内的水分湿度。小拱棚覆膜后，需密闭，防止有透风的地方。小拱棚的高度以棚内茶苗距膜10cm以上为宜。

（3）通风　待夏季气温升高后，逐渐通风撤膜，预防棚内温度过高造成烧苗现象。秋季处暑前后，撤除遮阳网，炼苗越冬。

（4）追施叶面肥　无性系茶苗移栽后，水根尚未长出，根系吸水吸肥能力较弱，茶苗移栽后需进行叶面喷肥补充养分，如喷施茶桑型"天达2116"、叶面宝、容大丰等。

（5）防病虫草害　无性系茶苗病虫害防治应坚持"预防为主，综合防治"的原则，以农业防治为基础，根据病虫发生发展规律，科学合理地运用化学防治、生物防治及物理机械防治等方法，安全、及时、有效地防治病虫害的发生。茶树栽植时利用铺草、铺黑地膜防止杂草生长，若杂草出现应及时拔除。

图3-3　定植茶树幼苗期遮阳防护

三、幼龄茶园管理

1. 幼苗管理

幼龄茶是指一年生至三年生的茶树。农谚说得好:"成园不成园,关键第一年;高产不高产,关键第二年;三分种、七分管,苗全苗旺创高产。"一龄茶园,第一年关键要达到苗全、苗旺;二龄茶园,第二年关键培养树势,促进分枝;三龄茶园,第三年主要培养树冠形成茶棚。

(1)茶园遮阴 茶园遮阴是幼龄茶园管理的重要内容。主要遮阴方式有覆盖遮阳网、插遮阳枝、种植遮阴作物。建拱棚、覆盖遮阳网可与茶树越冬相结合,遮阳网撤除后,其拱棚可在冬季覆膜,保护茶苗越冬。插遮阳枝可在茶行的南边插一些带叶的树枝、玉米秸秆等遮阴。种植遮阴作物可在茶行间种花生、大豆或玉米等作物。若间作花生,大行距大于110cm的茶园可间作双行中棵花生,大行距小于110cm的茶园可间作一行花生。也可在清明前后间作一行早熟矮棵品种的玉米遮阳,株距大于30cm,玉米成熟需及时收获,以利茶树生长(图3-4)。处暑后需撤除遮阴物,以利茶树"炼苗"越冬。通过种植作物遮阳,应遵循"以茶为主,合理间作",防止间作过度造成茶树徒长,不利成园。

图3-4 玉米间作为茶树遮阴防护

（2）定苗、补苗　定苗、补苗是实现幼龄茶园苗全、苗旺的关键措施之一。茶树的苗期抗逆性差，如果在第一、二年生时不能全苗，成园后就很难补齐。定苗，根据播种密度确定理想株数，使留苗充分发挥个体优势；时间在9月下旬茶苗停止生长后，逐次去劣去杂，最终留2～4株健壮苗。补苗，以晚秋或早春为补栽茶苗的适期，移栽时注意带土移栽，先挖穴再起苗，栽时让茶苗根系伸展自然，撒土回填，浇水沉实，空气干燥时注意保墒和遮阳。

2. 肥水管理

茶树幼年期以构建树体为主，施肥应加大磷肥、钾肥比例，促进根系、茎秆生长。幼龄茶园施肥的氮、磷、钾比例为1∶1∶1或2∶1∶1。

（1）基肥　在茶树地上部分停止生长即可进行，在9月中下旬白露和秋分施用基肥较为合适，避免基肥使用过晚，致使开沟施肥后伤根不易愈合，影响肥料的吸收。每亩施用2～3吨堆肥、厩肥或100～200kg饼肥，并配施50kg过磷酸钙、20kg硫酸钾。1～2年生的茶苗在距根茎10～15cm处开宽约15cm、深15～20cm平行于茶行的施肥沟施入基肥，3年生的茶树在树冠沿下开深20～25cm的沟施入基肥。

（2）追肥　每轮茶萌动前进行追肥。利用控释肥的，可以每年分两次施肥，第一次在3月中、下旬春茶萌动前施，第二次在7月中、下旬二轮茶采摘后施。追肥坚持"前促后控"的原则，春季追肥以速效氮肥为主，每亩追施纯氮量8～10kg；夏季每亩施纯氮量6～8kg，加硫酸钾复合肥8～10kg；秋季每亩追施纯氮量5kg。有条件的可施控释肥、有机肥或生物肥。追肥用速效氮肥或控释肥，开沟深20cm左右，施后及时盖土。

（3）浇水　浇水主要是返青水、越冬水、肥后水。根据土壤墒情干旱程度及时浇水。春分或谷雨前后浇返青水，立冬后至小雪前浇足越冬水，施肥后浇肥后水。

（4）排涝　茶树怕涝，在雨季及时排涝，防止茶树涝害。

3. 中耕

茶园中耕是疏松土壤、调节土温、防除杂草、杀死虫卵的重要管理措施。春茶前中耕在3月上、中旬进行，中耕深度为10～15cm，结合春季施肥进行。春茶后浅锄，耕作深度约10cm，结合春茶后追肥。在7月中、下旬浅锄，浅锄深度4～7cm。另外，杂草丛生也可增加1～2次浅锄。在9月份进行深耕，深度15～25cm，结合秋季施用基肥进行。

4. 铺草或覆黑地膜

茶园铺草一年可进行三次。在6月上旬，麦收结束后可用麦秸铺草；9月份，可用稻草、花生秸铺草；11月份，可以铺越冬草。铺草厚度5～10cm，每亩茶园铺草1500～2500kg。茶园铺草可防杂草、保墒、调温、改善土壤结构（图3-5）。

茶园行间覆黑地膜可有效保墒、保温，冬季利于茶树越冬，春季促进早发，还可防止杂草生长，节省劳动成本。

图3-5　茶园铺草

四、成龄茶园管理

成龄茶园主要指三年以上的生产茶园,管理目的是提高茶树鲜叶产量和茶叶品质。茶园管理主要包括土壤管理、施肥、灌溉、留养技术。

1. 茶园土壤管理

茶园土壤管理,通过重施有机肥、铺草、深耕、施用土壤改良剂、种植绿肥作物、放养蚯蚓等土壤综合管理措施,改善土壤质地,增强土壤生物活性,提高土壤肥力,实现茶叶持续优质高产。

高产优质茶园要求土壤固相:液相:气相=1:1:1,茶园通过深耕和重施有机肥,可显著增加土壤有机质含量,改善土壤结构,提高土壤肥力,为实现茶叶高产优质打下基础。深耕结合施基肥,每隔2~3年进行一次深耕,时间在"白露"前后,深度20~30cm,每亩茶园施腐熟的农家肥2~3吨或相近肥效的成品有机肥,与土拌匀施入。有条件的茶园可放养蚯蚓改善土壤结构。浇水后适时松土,可保持土壤水分,调节土壤温度,防除杂草。茶园铺草可有效防除杂草,保持土壤水分,调节土壤温度,增加土壤有机质,疏松土壤,增强土壤生物活性。

2. 茶园施肥

茶树是多年生、一年多次采摘芽叶的作物,在养分吸收方面表现为明显的持续性、阶段性、季节性。茶园施肥要根据肥料的性质和作用,结合茶树的需肥特点,适时、适量地配合施用各种肥料,达到既能促进茶树生长,实现茶叶优质高产,又能恢复和提高土壤肥力,做到用地与养地有机结合。

(1) 施肥原则 有机肥与无机肥相结合,以有机肥为主;基肥与追肥相结合,重视基肥;氮肥为主,磷肥、钾肥和微量元素肥相结合,成龄茶园纯氮

(N)、纯磷(P_2O_5)、纯钾(K_2O)的比例为3∶1∶1或4∶1∶1；根部施肥与叶面喷肥相结合，以根部施肥为主。

具体肥料施用方案应结合茶园测土配方而定，海青茶园一般采用"一基、四追、多喷"的施肥方法。

（2）基肥　每年秋季追施一次基肥，一般在"白露"前后施用，这个时期土壤温湿度适宜，施基肥有利于茶树根系生长，促进伤根愈合，增强根系吸肥与储肥能力，提高茶树树势和抗寒性，为翌年茶芽萌发和生长提供充足的养分。施用过迟，伤根组织不易愈合，降低基肥对春茶的吸收与利用率；施用过早，如遇到晚秋温度偏高的年份，会使部分越冬芽萌发，影响翌年春茶产量，还不利于茶树越冬。

在树冠垂直下方开挖施肥沟，沟深25cm左右。每亩使用腐熟农家肥（堆肥、沤肥、厩肥）2~3吨或生物有机肥0.5吨，另加过磷酸钙25kg、硫酸钾10kg。已封行的茶园可隔行、隔年施（图3-6）。

图3-6　茶园中耕施肥

（3）追肥　茶树是叶用植物，对氮的需求较大，在施足基肥的基础上还要多次追肥。在每轮茶的茶芽萌动前追施速效肥，一年共施用4次，分别为3

月中下旬、6月上旬、7月中旬和8月中旬,4次追肥比例依次为4∶2.5∶2∶1.5,每亩每次施用纯氮量不超过12kg,氮、磷、钾的比例为4∶1∶1,开沟施肥深度10～15cm。施用控释肥的,一年施用两次,第一次在春茶萌动前施用,第二次在二轮末施用。试验证明:应用控释肥处理能显著增强茶树光合速率,增加百芽重,同时提高氨基酸含量,降低酚氨比,进一步提高绿茶品质,使用茶树控释肥比习惯施肥提高茶叶产量10%以上。

（4）叶面施肥　叶面施肥是茶树微量元素有效的补充,也是基肥和追肥之外的营养补充。若喷施叶面肥与土壤施肥结合,采摘前10天停止使用（图3-7）。

图3-7　茶园叶面施肥

3.茶园灌溉

茶树"喜欢涝天,不喜欢涝地"。茶园管理做到涝时排、旱时灌。当土壤相对含水量低于70%时,启动实施茶园灌溉。灌溉用水符合国家相关标准要求,提倡水肥一体化和微喷等节水灌溉技术。茶园灌溉要掌握好返青水、肥后水、越冬水关键灌溉节点。返青水，一般结合春季追肥进行，时间在"春分"前后，黏土地要适当提前，砂壤土适当晚。肥后水，每次追肥后，依据土壤墒情和天气浇肥后水。越冬水，谚语说"浇好越冬水，能抗七分灾"，茶树在"立冬"后浇越冬水，要浇足浇透，浇后适时松土保墒增温。

4. 茶园留养

（1）夏茶留养　夏茶留养按照留养时间分为两种，一是全夏季不采，二是三轮茶不采。在留养期间，需要对茶树进行打顶，防止茶树徒长。

（2）秋茶留养　秋季留养不摘，适时打顶，防止徒长。秋茶留养能增强树势，提高茶树越冬能力，同时利于提升翌年春茶品质。

五、茶树修剪

自"南茶北引"建园开始，海青茶农不断实践和探索茶树修剪技术，形成了一套成熟的管理经验。幼龄茶树，通过定型修剪，控制茶树生长，促进侧枝生长健壮，扩大茶蓬，使茶树早成园、早高产。成龄茶树，通过轻修剪和深修剪，扩大树冠的采摘面，增加发芽密度。衰老茶树和未老先衰茶树，通过重修剪和台刈，使茶树更新复壮，重新获得高产。冻害茶园通过修剪，剪掉受冻茶枝，重新形成适合采摘的树冠。针对海青茶树年年有冻害的情况，对越冬茶树进行预留修剪。

1. 幼龄茶树修剪

幼龄茶树以培养树冠、快速形成采摘面为目的，在生产中就要通过定型修剪技术，使茶树快速形成树冠冠幅和良好的采摘面。海青茶区一般采用"四年三剪"技术来培养幼龄茶树，使其快速成型。

（1）第一次定型修剪 实生种茶园，当茶苗高度高于15cm时，留茶树高15cm，用整枝剪剪去以上的顶芽梢，进行顶头剪，不够高度的不剪；无性系栽植茶苗，定剪高度为15~20cm，剪口要保持平整光滑。设施栽培茶园一般在"霜降"后进行修剪，露天栽培茶园一般在"春分"前后进行修剪。

（2）第二、三次定型修剪 分别于上次修剪一年后进行。灌木型品种，依次在上次剪口的基础上提高10cm进行水平剪；半乔木型品种，依次在上次剪口的基础上提高7cm进行水平剪。

2. 成龄茶树修剪

成龄茶树修剪主要通过交替轻修剪和深修剪技术，使茶树保持旺盛生长势，促使茶园达到持续稳产、高产的目标。

（1）轻修剪 以剪除冻害枝梢和病枯枝叶为原则，根据地域、品种和采摘留养情况，每1~2年修剪一次，用修剪机或整篱剪剪去树冠面上的突出枝条或干枯枝叶，一般剪去蓬面3~10cm深的枝叶，剪后形状以浅弧形为好，以便促进茶树整齐萌发。露天栽培茶树，宜在"春分"后至春茶萌发前进行；设施栽培茶树，宜在"霜降"后扣棚前和春茶结束后依次进行。

由于冬季寒冷，除去设施栽培茶园，大部分海青茶都会遭受冻害。对于轻微冻害的，要在"春分"后进行一次轻修剪，既能保证茶树生长整齐，又能增加发芽密度。

（2）深修剪 茶树经3~5次轻修剪后，树高增加，鸡爪枝多，茶叶产量和品质下降，需要进行一次深修剪。深修剪与轻修剪同期进行，可在当年春茶结束后进行。修剪时剪去树冠上部10~15cm深的一层鸡爪枝，以复壮树势，提高育芽能力。

3. 衰老茶树修剪

衰老茶树的修剪，应根据衰老程度的不同，分别采取重修剪和台刈的办法更新复壮。

（1）**重修剪** 适用于对未老先衰的茶树和一些树冠虽然衰老，但骨干枝及有效分枝仍然有较强生长能力、树冠上有一定绿叶层的茶树进行重修剪。正常茶园每隔6～8年进行一次重修剪，一般在春茶结束后进行；对于冻害较重的茶树，于"春分"进行重修剪，修剪时用修剪机剪去地上部树冠的1/3～1/2。剪后当年以养为主，在剪口上提高7～10cm打顶采，"霜降"后或翌年"春分"实行定型修剪，第三年起恢复轻修剪。

（2）**台刈** 对于树冠十分衰老、枝干灰白、叶片稀少、失去有效生产能力的茶树，实行台刈改造，一般在春茶结束后进行。对于冻害严重的茶树，于"春分"前进行台刈。台刈时，用修剪机、台刈机或割灌机将离地面5～10cm的全部枝条剪去。要求剪口光滑、倾斜，避免树桩撕裂。台刈后，茶树当年留养，疏去较弱枝条，保留长势旺盛的6～8个枝条，"霜降"后或翌年"春分"实行定型修剪，定剪高度在台刈剪口上部15～20cm处；剪后第二年以养为主，采养结合，定剪高度在上次剪口上部10～15cm处；第三年起恢复轻修剪，开始正常采摘。

4. 冻害茶园修剪

宜于"春分"前后进行。依据茶树冻害程度，剪除受冻枝叶，将剪口落到枝干鲜活处，保证茶树枝条鲜口率达到80%以上，要求剪口光滑。

5. 预留修剪

留养过度的成龄茶树需预留修剪，在翌年定剪高度部位预留3～5cm，减少不必要的蒸腾拉力和养分消耗,增加茶树通风透光,有利于越冬管理与茶树防护。第二年春天再修剪一次。

六、茶园绿色防控

海青茶叶科技工作者和茶农坚持"预防为主,综合防治"的植保方针,研究和探讨茶树病虫害发生发展规律、生态调控、茶园替代农药等新技术,搞好茶园病虫害防治。进入21世纪,根据"公共植保、绿色植保"的理念,总结提出和推广应用"以生态调控为基础,以生物防控、物理诱控为辅助,以科学用药为保障"的茶树病虫害绿色防控技术,提升了海青茶叶品质,确保茶叶质量安全,推进茶业高质量发展。

1. 病虫害概况

海青茶区主要病害有茶云纹叶枯病、茶轮斑病、茶赤叶斑病、茶炭疽病等。茶树虫害主要有叶部害虫13种、枝干部害虫1种、地下害虫1种。按危害程度大小,依次是茶小绿叶蝉、绿盲蝽、茶橙瘿螨、黑刺粉虱、茶叶瘿螨、角蜡蚧、蚜虫、小地老虎、大蓑蛾、褐蓑蛾、黑绒金龟、扁刺蛾、卷叶蛾、黄刺蛾、棉铃虫等。经常发生虫害的害虫有茶小绿叶蝉、螨类、绿盲蝽、角蜡蚧、蚜虫等,其中茶小绿叶蝉、螨类虽不同年份生的茶树虫害程度不同,但经常性造成危害。病虫害轻者,影响茶树生长,致使树势衰退;重者,引起茶叶减产、茶叶质量下降,病虫害一般使茶叶减产10%～20%;严重者,无芽可采。

相较于全国,海青是一个新茶区,种茶历史短,外来病虫害种类少。同时,海青地处北方,冬季低温不利于病虫害的越冬;茶树生长季节的气候条件同样不利于病虫害发生,所以通常年份病虫害发生种类少、发生程度较轻。

2. 病虫害预测预报

为实现绿色防控，安全生产，海青茶区对茶小绿叶蝉、绿盲蝽、螨类、角蜡蚧等主要茶树病虫害进行了系统观测，不仅掌握了茶树主要病虫害发生规律，也为国家茶产业技术体系的全国性茶树病虫害预测预报系统提供了大量宝贵数据。

（1）小绿叶蝉的测报　　主要采用"检叶数虫法"（百叶虫数）。在选定的调查点上，查看茶丛中、上部叶片的成虫、若虫数，再轻轻翻转叶片，检查叶片反面的成虫和若虫数。

（2）绿盲蝽的测报　　应用绿盲蝽专用测报器。绿盲蝽专用测报器是中国农科院茶叶研究所研发的新型测报工具，是利用人工合成的绿盲蝽性诱剂，配合测报器，安装放置于茶园，进行全年监测，监测茶园绿盲蝽发生规律，并制作绿盲蝽成虫在海青茶园年消长规律图。根据年消长规律图可以看出，绿盲蝽成虫在海青茶园呈现两个高峰，即6月上旬和10月上旬至下旬，9月上旬是绿盲蝽成虫回迁进入茶园的关键时期。

（3）茶橙瘿螨的测报　　选择不同类型的3～5块茶园，隔行随机多点取样（样点数大于10），每个点取芽下2叶或3叶10张（内外层各5张），检查虫数。由于茶橙瘿螨个体小，移动过程中容易丢失，所以应在田间用放大镜直接观测。

3. 生态调控

茶园生态调控，主要采取推广抗病虫品种、优化作物布局、培育健康种苗、改善水肥管理等健康栽培措施，并结合茶园生态工程、生草覆盖、作物间套种、天敌诱集等生物多样性调控与自然天敌保护利用等技术，改造病虫害发生源头及孳生环境，人为增强茶树自然控害能力和抗病虫能力。新发展茶园选用适生抗病虫品种，已有茶园换种改植新品种；合理采摘，分批多次采摘，采除茶小绿叶蝉、茶蚜等危害芽叶的病虫，抑制其种群发展；合理修剪，剪除分布在茶丛中、上部的病虫，同时改善茶蓬通透性，减少病虫发生；清除病虫叶，结合施基肥，将茶树根际落叶和表土清理至行间深埋，防治叶病和在表土中越冬的害虫。

通过对海青茶区不同种植密度茶园的调查发现，栽植密度大的茶园，茶小绿叶蝉、黑刺粉虱、螨类、角蜡蚧数量都高于栽植密度小的。因此，在发展茶园种植茶树时，采用双行或单行合理密植，充分发挥个体优势，及早形成健壮旺盛的树干分枝，使茶蓬通风良好，这既是茶树持续高产的基础，又可提高抗逆能力，减少病虫害发生。采摘一芽一叶或一芽二叶细嫩原料，可以有效控制茶树蚜虫、茶小绿叶蝉若虫数量。所以，海青茶区推广多批次采摘细嫩原料的做法，提高茶树主要害虫的采治率。利用修剪、台刈，剪去老病枝，对角蜡蚧等枝干害虫有明显的控制作用。在"春分"撤除风障后，结合施有机肥、深翻残枝落叶，对刺蛾类、小地老虎等害虫也起到了防治作用。

茶园害虫天敌达300余种，可分为捕食性天敌昆虫、寄生性天敌昆虫、非昆虫类食虫动物三大类。捕食性天敌昆虫主要包括瓢虫、草蛉、食蚜蝇等；寄生性天敌昆虫主要包括寄生蜂类和寄生蝇类；非昆虫类食虫动物主要有蜘蛛、捕食螨和鸟类等。这些害虫天敌对小绿叶蝉、蚜虫、角蜡蚧若虫有捕食、寄生等抑制作用。

据调查，海青茶园害虫的天敌昆虫普遍种类较少，以蜘蛛为主。同时，采用化学药剂防治的茶园，由于喷药量和喷药次数较多，有些药剂对蜘蛛的杀伤性极大，蜘蛛种类和数量也比自然茶园少得多，起不到天敌防治的作用。因此，茶园管理坚持合理控制施药次数和施药量，在天敌昆虫虫口密度大时尽量避免用药，从而通过保护天敌，控制小绿叶蝉等虫害的发生。

通过生态化改造，可以容纳更多鸟类、猎食性蜘蛛、草蛉、瓢虫等茶园益鸟、益虫，实现生态调控。海青茶园防护林常用树种有黑松、侧柏、蜀桧等。主林带以黑松3～5行、侧柏2～3行为宜。通过加强防护林建设，改善茶园生态条件，增强茶园中益虫数量，形成对害虫的自然控制。利用某些植物对茶树害虫的吸引或趋避作用，达到控制害虫的效果。如采用茶树与豌豆间作，可以使春季绿盲蝽转移至豌豆，减轻对茶树的危害。

4. 生物防治

生物防治，就是重点应用以虫治虫、以螨治螨、以菌治虫、以菌治菌等生物防治关键措施，加大赤眼蜂、捕食螨、绿僵菌、白僵菌、微孢子虫、苏云金杆菌（BT）、蜡样芽孢杆菌、枯草芽孢杆菌、核型多角体病毒（NPV）产品和技术的示范推广，积极开发植物源农药、农用抗生素、植物诱抗剂等生物生化制剂应用技术。

5. 物理诱控

茶树病虫害的物理诱控，是指应用各种光、电、色、温度等物理因子来防治茶树害虫，主要包括吸虫机、色板、杀虫灯等器具的使用。

利用吸虫机进行杀虫，可以避免使用化学杀虫剂防治病虫害造成的农药残留问题。吸虫机的通风管可以在茶树的顶部用风力把害虫吸入机内，同时把吸入的昆虫粉碎，在茶小绿叶蝉、黑刺粉虱成虫高峰期使用，具有控制害虫的作用。

利用色板，可以兼具控制多种害虫的效果，而对生态环境无破坏。在海青茶区，近几年推广使用素馨黄粘虫板，对茶小绿叶蝉、茶蚜、黑刺粉虱等进行防控，效果较好（图3-8）。

利用杀虫灯，可以诱杀茶小绿叶蝉、黑刺粉虱、茶细蛾、金龟甲等成虫，但是在使用中应注意生态保护问题。由于杀虫灯对多种昆虫具有无选择性，在消灭害虫的同时也会对益虫造成伤害，所以选择适宜的开灯时间就成了一个关键问题。应尽量做到针对特定害虫的成虫期开启杀虫灯，其他时间不开灯，避免对天敌昆虫的杀伤。

图3-8　茶园使用粘虫板进行物理防控

6. 科学用药

施用化学农药作为茶树病虫害绿色防控其他措施的补充，具有面积大、效果快的特点。主要推广高效、低毒、低残留、环境友好型农药，优化集成农药的轮换使用、交替使用、精准使用等配套技术，加强病虫害抗药性监测与治理，普及规范农药使用知识，严格遵守农药安全使用间隔期。通过合理使用农药，最大限度降低农药使用造成的负面影响。

七、茶树越冬管理

1. 海青茶区冻害类型

海青茶区属于江北茶区，冬季气温低，常出现严寒和极端低温天气，造成茶树冻害。根据不同的受害成因，茶树冻害分为冰冻、干冻、雪冻和霜冻。从海青茶区多年冻害因子分析，茶树冻害轻的年份多为一种冻害因子，大冻之年多为几种冻害因子共同发生。

（1）冰冻　持续低温阴雨，大地结冰造成冰冻，茶农又称为"小雨冻"。温度达到-5℃时，成叶细胞开始结冰，茶树叶片呈赤枯状，造成冻害。如2010年2月11日，海青茶区普降大雪，局部暴雪，平均降水量7.7mm。2月12日至13日出现积雪，13日日平均气温为-7.1℃，最低气温达到-12.3℃，致使茶树普遍受冻。

（2）干冻　寒潮南下，温度骤降，风速达5～10m/s，伴之刮干冷西北风，树冠枝叶受冻失水，叶片多呈"青枯状"卷缩，继之脱落，枝干干枯开裂，此为干冻，茶农又叫"乌风冻"。这是海青茶区发生的主要冻害。

（3）雪冻　大雪降临致茶树冠积雪压枝，若在升温融化的过程中再遇低温，可造成叶面和地面同时结成冻壳，出现"覆盖—融化—结冰—解冰—再结冰"的反复现象。日化夜冻，冷热骤变，使茶树部分细胞遭到破坏，称之为雪冻。如1986年12月27日至1987年1月16日连续21日出现积雪，其中1987年1月2日最大积雪量达23cm，积雪反复日融夜结，导致茶树受冻较重。

（4）霜冻　分早霜冻和晚霜冻。早霜冻多发生在秋末，晚霜冻多出现在4月份，又称"倒春寒"。茶树萌芽期冻害主要是晚霜冻，对生产名优茶的产区危害较大。如2002年4月22日至25日，受强冷空气侵袭，气温骤降，最低气温2.6℃、平均气温7.3℃，分别比往年同期下降6.2℃和9.2℃，造成低温严寒和霜冻，使海青春茶减产幅度达60%。

2. 提高茶树抗寒性措施

科学栽培是提高茶树自身抗寒性的关键措施，主要包括选择适宜土壤、选择抗寒品种、合理施肥、浇好"三水"、科学修剪、采摘与封园、多喷叶面肥等栽培技术和管理措施。

（1）**选择适宜土壤** 土壤是茶树生长的基础，只有适宜的土壤才能培养健壮的茶树群体，增强茶树抗寒性。茶树对土壤pH值有较严格的要求，土壤pH值在4.5～6.5范围适宜茶树生长，过高或过低都影响茶树正常生长；茶树需要砂壤土，土层60cm以上；土壤肥沃，有机质在1.2%以上，碱解氮大于100mg/kg，有效磷大于15mg/kg，速效钾大于80mg/kg。

（2）**选择抗寒品种** 品种抗寒性是茶树抗寒的先决条件，不同的茶树品种抗寒能力有较大差异。经过多年的引种试验，抗寒能力较强的有性系茶树品种有鸠坑、黄山群体、福鼎大白；无性系茶树品种有龙井43、中茶108、舒茶早等。

（3）**合理施肥** 合理施肥对提高茶树的抗寒能力有显著效果，秋季基肥是提高茶树抗寒能力的重要措施。要求每亩施农家肥1～2吨，或相当的商品有机肥或生物肥，深施20cm以上，时间在"白露"前后，太晚影响根系组织愈合，从而影响养分的吸收和茶树的抗冻性。茶树是喜氮作物，幼龄茶园氮磷钾比例均衡施用；投产茶园N：P_2O_5：K_2O=3：1：1或4：1：1较适宜。

（4）**浇好"三水"** 秋冬季浇好"三水"是提高茶树抗冻性的关键技术。"一水"是浇"透水"，在"白露"施好腐熟的有机肥后浇透水，松好土，为茶树根系生长与养肥积累创造条件；"二水"是"跑水"，在"霜降"前后遇到干旱时浇，控制茶树新芽叶生长，促进根系生长；"三水"是"越冬水"，农谚有"灌足越冬水，能抗七分灾"，这是茶农对茶树防冻经验的总结。由于水的比热容大，灌越冬水，土壤水分增加，既可以稳定土温，又可以防止干旱。越冬水一要灌足，宜渗透30cm左右，浇后划锄保墒增温；二要适时，在"立冬"前后灌水为宜。注意封冻后不宜浇水。

（5）**合理采摘** 茶树合理采摘、适时封园是提高茶树抗寒的重要措施。经多年研究证实：海青茶区应采用"春采、夏养、秋控"的采摘原则，若不按照该原则或过度采摘，往往造成茶树树势衰弱，抗冻能力差；茶园秋季应在9月中、下旬及时封园，避免采摘过度，防止茶树"恋秋"生长，造成茶树冻害，影响茶树安全越冬。

（6）**科学修剪** 合理修剪不但能提高茶叶产量和品质，还有利于增强树势，提高茶树的抗寒性。茶园除早春或秋末进行正常修剪外，对树龄大、树势弱的茶园进行深修剪或台刈，重新激发活力，提高茶树生产力，增强抗冻性。此外，根据茶树越冬方式不同，可以进行科学修剪，也能减轻茶树冻害，如设施越冬茶园在"霜降"后"标准剪"，常规越冬的茶树进行"预留剪"等。

（7）**多喷叶面肥** 10月下旬，茶园喷高钾型"容大丰"或者"磷酸二氢钾"，不仅抑制茶树新梢萌发，而且能提高茶树枝梢和叶片的成熟度，增强茶树抗冻性。"霜降"至"立冬"期间，多喷施叶面肥，也是提高茶树抗冻性的有效措施。在阴天或日落前，一个星期内喷两次茶桑型"天达2116"或"容大丰"等。当气温低于15℃时，喷匀喷透0.5波美度（°Bé）石硫合剂，既能防病虫害，又能减少水分蒸发，可以明显增强茶树抗冻性。

3. **茶树越冬防护**

（1）**幼龄茶园防护** 主要有小拱棚越冬、全培土越冬和半培土越冬的防护方法。

① **小拱棚越冬**：幼龄茶园冬季扣小拱棚，是一种很好的越冬防护措施。单行或双行用优质农膜覆盖，竹弓间距1m左右，茶树树冠距膜最小距离要超过10cm。扣棚时间宜掌握在"小雪"和"大雪"之间。年后，根据天气情况适时通风揭膜。

② **全培土越冬**：只针对一龄茶园，茶园土壤最好为壤性土，培土在"小雪"至"大雪"期间，之前应浇透越冬水，待水分适宜将土耙平耙细。首先，于10月下旬对茶树进行修剪，茶苗留高17～20cm；然后，在"小雪"至"大雪"期间进行培土，用半干不湿的土将茶苗培护只留1～2片叶。培土须分两次实施，第一次培土完成后10～15天进行第二次培土。如果第一次培土后茶树遇到冷空气叶片有受冻现象，应该待气温回升、叶片恢复自然状态后，再进行第二次培土，培土应达到北面高、上面平、沟底顺。培土时，干土和沙土宜多培，湿土和黏土宜少培。

③ **半培土越冬**：适用于一年生黏土茶园或者行距大的二龄茶园，在"小雪"前后用半干不湿的土将茶苗培护至茶苗高度约1/3处，同时在茶行北侧用草遮挡，茶行内覆盖3～5cm稻草。

（2）**成龄茶园** 主要有设施越冬和常规越冬的防护措施。

① **设施越冬**：主要包括大拱棚、中拱棚、小拱棚，防护效果最好。其中，小拱棚主要针对树冠不大、植株较矮的茶园；大拱棚、中拱棚针对成龄茶园，其树冠较大，植株较高，并以翌年提前采摘获取较高收入为目的。管理中要选用优质无滴膜，竹弓间隔2～3m，茶树树冠距棚膜最小距离要超过20cm。扣棚时间宜掌握在"小雪"和"大雪"之间。要点：一是选择背风向阳处建稳固棚；二是扣棚前施好肥、浇足水；三是初冬防止茶芽提早萌发，造成茶树霜冻；四是要控制适宜温湿度，科学透风；五是茶树不宜过高，定剪后再扣膜。

② **常规越冬**：用"穿棉鞋、披风衣、戴草帽"来形象地比喻对茶树进行越冬防护。"穿棉鞋"，即在茶园行间铺膜、茶园行间铺草；"披风衣"，即茶园搭挡风障；"戴草帽"，即茶树蓬面盖草（遮阳网）。

行间铺膜指在茶树行间覆盖黑膜，铺膜前茶园要浇透水，将杂物清除，将土耙平耙细，保证行间平整顺滑，覆膜时应保证无缝覆盖。

试验表明,冬季在茶树行间铺草可提高土温1.4℃,冻土层厚度可减少15cm左右,土壤含水量提高5.7%。茶园冬季覆草,既可增温防冻,又可保水抗旱。覆草时间以"立冬"前后为宜,最好铺麦糠,其次是长麦秸和花生壳;铺草厚度以5～10cm为宜,过厚或过薄都不适合,应保证无缝覆盖。

搭挡风障宜在"小雪"前后进行,在茶树北面和西风口设置风障,防冻风障与茶棚的高度差在20cm左右。风障倾斜度以向前60°左右最为适合。应选用玉米秸、稻草、薄膜、无纺布等挡风性能好的材料。

茶树蓬面盖草(或遮阳网)后,既可防止霜冻和寒风侵袭,减少水分蒸发,又缩小了蓬间的昼夜温差。盖草宜在"小雪"前后进行,要盖而不严,使蓬面受直射光照的叶片占30%～40%。物料可选择鲜松枝、稻草等,也可使用透光率为40%的黑色遮阳网。

第三节
海青绿茶加工技术

自"南茶北引"成功后,海青茶区在吸收南方茶叶加工技术的基础上,总结摸索出了适合海青茶鲜叶特点的加工工艺和技术操作规程,创制出松针形、自然形、卷曲形、扁平形等主要形状类别的海青绿茶,丰富了绿茶产品,满足了不同层次消费者的需求。

一、松针形海青绿茶加工技术

松针形海青绿茶一般采用无性系茶树良种福鼎大白一芽一叶初展幼嫩鲜

叶为原料，经杀青、摊凉、理条、干燥等工艺加工而成，成茶具有外形圆直、满披白毫、紧结、挺削，香气清高持久，滋味醇和，汤色清嫩明亮，叶底嫩绿匀齐等特点。产品卖相好、口感佳，价格一直维持在1000～1200元/kg甚至以上，市场评价反馈良好。以青岛海青龙泰茗家庭农场有限公司研发的"海青龙茗"为例。

1. 鲜叶要求

采用无性系多毫品种鲜叶，如福鼎大白、茂绿、白毫早等品种，芽头肥壮，满披白毫，鲜叶级别为单芽，最老至一芽一叶初展（图3-9）。鲜叶原料要求芽叶大小均匀，不能采碎，不带蒂头，保持新鲜、清洁。盛装和贮运鲜叶的器具应采用清洁、通风性能良好的竹编茶篮或篓筐。鲜叶采摘后及时验收、分级、摊青，防止鲜叶发热变红。最好在4h内送往加工厂，避免日晒雨淋，并不得与有异味、有毒的物品混装。运输中要求轻放、轻翻、禁压。采摘鲜叶先薄摊大约4～6h后炒制。

图3-9　松针形绿茶鲜叶原料示意图

2. 工艺流程

具体为摊青→杀青→摊凉回潮→二青→摊凉回潮→理条做形→摊凉回潮→干燥。

（1）**摊青**　摊青有利于散失水分，挥发低沸点的芳香物质，使高沸点的芳香物质显露，青草味转化为清香，增进香气和滋味。

采用竹制竹匾或簸篮、篾垫，摊叶厚度2～3cm，一般不超过5cm，摊放场所要求清洁卫生、阴凉通风。摊放时间一般4～8h，其间翻拌1～2次，动作要轻，以防芽叶损伤。摊放程度一般以芽叶含水量70%左右为宜，此时青草气基本消失，清香或花果香开始显露。

（2）**杀青** 杀青是继摊凉之后进一步减少水分，便于做形，制止多酚氧化，保持绿茶清汤和绿叶品质的关键工序。制作针形高端名优绿茶，采用30型金属炉滚筒杀青机或其他小型燃气杀青机，筒内温度在125℃～130℃之间，每次投叶量0.3kg左右。边投叶边观察，投叶量根据具体情况变化而变化，保持与温度协调一致。鲜叶投入滚筒后，约5～7min，杀至叶质柔软，略带黏性，叶色变暗绿，表面失去光泽，青气消失，茶香显露，微有清香时为适度。

（3）**摊凉回潮** 摊凉回潮环节非常重要，特别是做高端名优绿茶。一方面使水分向干叶部分回潮，保持含水均匀；另一方面迅速降低叶温，防止杀青叶红变，保持绿色。杀青叶用竹匾薄摊，厚度不超过10cm，时间5～10min，有条件的地区可以用风扇送冷风，帮助降低叶表面温度，防止叶梗红变，散发水分，提高清香，便于做形。

（4）**二青** 在烘干机上进行，烘笼内温度110℃～130℃，摊叶厚度1～2cm，烘至叶子不粘手为适度，中间注意翻拌。

（5）**摊凉回潮** 二青叶下机摊凉30min。

（6）**理条做形** 分为两个工序：一个工序是理条，促进条索直、紧、细；另一个工序是搓条提毫，进一步固定外形。当理条机锅体温度达到80℃～90℃时，将杀青叶均匀投入每一槽锅中，总投叶量1.2kg左右，初期用快速挡，后用慢挡炒制。4～5min后，叶子含水率降至20%，条索紧直、锋毫显露、香气外溢时即停机，使茶叶迅速排出锅外，摊于竹匾中。

（7）**摊凉回潮** 下机摊凉30min。

（8）**干燥** 采用烘笼干燥，摊叶厚度1cm左右，烘笼内壁温度80℃，干燥时间2h，烘至茶叶含水量6%～7%，手捏成粉末为适度，经拣剔包装（图3-10）。

图3-10　海青龙茗茶

二、自然形海青绿茶加工技术

自然形（芽）茶采用一芽一叶初展且节间较短的细嫩鲜芽叶，采用芽叶加工工艺而成，既不同于单芽形扁形茶，又不同于单片形扁形茶，其外形及冲泡后芽叶完整自然呈"兰花形"。以青岛钰雪茶叶专业合作社"钰雪香兰"（图3-11）和青岛泽农茶叶专业合作社"泽农玉剑"（图3-12）为代表。工艺流程为鲜叶采摘→摊青→杀青→造型→干燥提香→精选。

图3-11　钰雪香兰自然形绿茶　　　图3-12　泽农玉剑自然形绿茶

1. 鲜叶采摘

选用4月下旬到5月下旬出产的一芽一叶初展茶鲜叶为原料，生产周期大约为30天。

2. 摊青

将清晨采摘的鲜叶均匀摊凉在摊凉筛中，厚度大约为3～5cm，置于摊凉室，控制摊凉室温度在20℃～23℃，湿度在70%左右，摊凉6～8h。鲜叶经摊放失水后，茶多酚轻度氧化，水浸出物和氨基酸增加，青草气散发，特别是一些香气物质均随摊放进程而逐步增加。

3. 杀青

将摊青好的茶鲜叶投入热风杀青机中，控制杀青机温度在230℃左右。通过高温破坏和钝化茶鲜叶中的氧化酶活性，抑制鲜叶中茶多酚等的酶促氧化，蒸发鲜叶部分水分，使茶叶变软，便于造型，同时散发青草味，促进茶叶花香香气的形成。

4. 造型

将杀青好的鲜叶摊凉、回潮后，置于全自动理条机中，控制温度在130℃左右，使茶叶条形显为兰花状。

5. 干燥提香

将造好型的青叶摊凉、回潮后，利用全自动链条烘干机控制温度在120℃，干燥到茶叶含水量在4%～5%。

6. 精选

将干燥好的茶叶采用人工挑选的方法挑选出残叶与杂质,按品类等级标准分拣干茶,使每一等级的茶叶外形匀整,兰花状显现。

三、卷曲形海青绿茶加工技术

1. 全炒型卷曲名优绿茶制作技术

(1)工艺流程　摊放→高温杀青→揉捻成形→搓团造型→文火干燥。

(2)技术要点　摊放厚度3~5cm,时间6~8h,以叶质柔软、失去光泽、青气消失、清香四溢为适度。杀青锅温180℃~200℃,先闷后抛,抛闷结合,芽叶水分失重20%为宜。揉捻锅温65℃~70℃,边揉边抖,先轻后重,用力均匀,以茶条紧结、茸毛显露为适度。搓团造型锅温60℃~70℃,前期锅温低,中期适当提高,后期再略有降低。手掌用力要"轻—重—轻",以毫毛显露、卷曲似螺、水分失重70%为宜。文火干燥,锅温50℃~55℃,烘至足干。

2. 全烘型卷曲名优绿茶制作技术

(1)工艺流程　摊放→机械杀青→冷揉成条→初烘干燥→复烘造型→足火提香。

(2)技术要点　杀青采用滚筒式杀青机,锅温、投量、杀青程度、操作人员要"四稳定"。杀青叶凉透后,采用机具揉捻至卷曲成条,叶汁外露。初烘和复烘温度控制在90℃和70℃时开始搓团,散团时按搓团手势和方向将茶叶搓散在烘顶上,反复多次至茶条卷曲,茸毫显露,茶型固定后烘焙至八九成干。足火提香温度控制在50℃~60℃,摊叶厚度6~8cm,烘至足干。

3. 烘炒结合型名优绿茶制作技术

以胶南市海青河西茶厂"碧雪春茶"（图3-13）和青岛海青华忆茶业有限公司"银峰绿茶"（图3-14）为代表。工艺流程为鲜叶采摘→摊青→杀青→揉捻→做形→烘干→提香。

图3-13　碧雪春茶

图3-14　银峰绿茶

（1）**鲜叶采摘**　鲜叶采摘标准以一芽一叶初展或一芽两叶为原料，禁采病虫害芽叶。要求轻采轻放，用竹制器具或透气器具盛装，忌用塑料袋。

（2）**摊青**　鲜叶进厂后要进行一定时间的摊凉，有利于茶叶品质的形成。

要求摊青场所的空气新鲜、流通，室温应控制在25℃以下。为使鲜叶上下失水均匀一致，应以筛网或筛架摊放，0.5～1kg/m² 鲜叶均匀摊放。根据鲜叶含水程度，时间3～6h为宜，含水率72%左右。一般以芽叶萎软、暗绿、毫呈银灰、青气消失、清香显露为适度感官指标。

（3）杀青　采用40型滚筒杀青机，设置温度340℃，筒尾的温度以92℃为佳，投叶量25kg/h。掌握"嫩叶老杀、老叶嫩杀"原则，杀青终了含水率在59%左右。

（4）揉捻　采用45型揉捻机，应掌握"一次揉捻、短时轻揉"原则，以芽叶成条、茶汁刚溢于叶表为适度。切忌追求细胞破碎率和条索紧结度。

（5）做形　机械结合手工做形，用110型炒青机，滚炒温度120°做形，炒制10～15min左右，茶叶不再粘手时出锅摊凉至常温。然后，进入手工烘笼，锅温60℃～70℃，采用轻重适度的手法搓团、提毫，顺着一个方向回旋搓揉，根据所要加工茶的风格掌握用力的大小和时间，并控制好水分的散发速度与品质的形成，成形率达到95%，以七八成干出叶为宜。

（6）烘干　采用"低温慢烘"静态干燥方式，温度50℃～80℃，烘干过程不翻叶，直烘至足干。

（7）提香　足干茶叶，采用短时高温方式进行提香，根据所要风味不同，采用合适温度时间提香。

四、扁平形海青绿茶加工技术

扁平形海青绿茶炒制始于20世纪60年代末。据《胶南文史资料》（第三辑）载：1969年秋，中国农科院茶叶研究所吴洵等专家曾来山东胶南县指导制作大方、龙井茶。历经50多年的发展，扁平形海青绿茶加工工艺和技术发生了许多变化，加工工艺和技术日臻成熟。扁平形海青绿茶扁平、光滑挺直，色泽墨绿、油润,嫩板栗香馥郁高长,汤色黄绿、清澈明亮,滋味鲜醇爽口,叶底嫩绿明亮。

扁平形海青绿茶由适制品种的茶树年幼嫩芽叶,经过摊青、杀青、做形、干燥等工艺加工而成。按照其加工方式分三种类型:一是全手工炒制;二是机械炒制并辅以手工辉锅;三是全程机械炒制。原料一般要求细嫩,采摘单芽和一芽一叶居多,也有一芽二叶的原料,总体要求芽叶肥壮、嫩度高,叶色嫩绿。

1. 全手工炒制

工艺流程为摊青→杀青做形→初干整形→足干固形。

(1) **摊青** 一般采用竹席或水筛,选择洁净、干燥、通风的环境进行摊放。摊青厚度一般要求2~3cm(1kg/m²),切忌碰伤。随时拣除不符合标准的芽叶和异物。摊青时间要依鲜叶含水量而定,海青茶区茶园多依山傍海,空气湿度较大,摊青时间一般要2~6h,摊至青气消失,清香或花香四溢,叶质柔软,色泽变暗为适度。一般摊至鲜叶含水率70%左右。

(2) **杀青做形** 采用电炒锅,每锅投叶量大约为200g,锅温达160℃~180℃,投入鲜叶即会发出炒芝麻的声音。抛闷结合炒2~3min后,适当降温,进入做形抛闷结合炒2~3min后适当降温,进入做形环节。前期手势以翻、抖、捺为主,理直茶条,使其扁平;中间以抓、轻压、捺、翻、抖等手势为主,要求抖匀,使茶条顺直、变细、变窄;后期以搭、捺、翻、抖为主,适量抓、捺、翻,二者交替进行,进一步使茶条平整、挺直、光滑。达五六成干时出锅,时间为20~25min,摊凉30~60min。

(3) **初干整形** 初干整形在电炒锅内进行,投叶量以250~300g为宜,锅温由低到高,手势以抓、捺、翻为主,翻、抖为辅,需交替进行,使茶条进一步扁平、挺直、滑润,时间10~15min。待九成干时出锅摊凉。

（4）足干固形　采用6CHPY型斗式烘焙机等烘干机。足干环节，前期手势以翻、抖、捺为主，理直茶条，抛闷结合炒2～3min后适当降温。做形环节，前期手势以翻、抖、捺为主，理直茶条，使其扁平；中间以抓、轻压、捺、翻、抖等手势为主，要求抖匀，使茶条顺直，变细变窄；后期以搭、捺、翻、抖为主，适量抓、捺、翻，二者交替进行，进一步使茶条平整、挺直、光滑。达五六成干时出锅，时间20～25min，摊凉30～60min。烘干温度以50℃～60℃为宜，茶叶薄摊2～3cm，时间20～30min，至香气散发、足干即可出烘。茶叶出烘摊凉后进行拣剔，即可密封包装待售。

2. 机械炒制并辅以手工辉锅

以青岛海青茶叶投资有限公司研发的"夔龙山翠芽"为例（图3-15）。工艺流程为摊青→机械杀青→杀二青做形→手工辉锅。

图3-15　夔龙山翠芽

（1）摊青　摊青工艺与全手工炒制扁平形海青绿茶。

（2）机械杀青　采用6CZS-50型蒸汽杀青机，6CST-40、6CST-50型滚筒杀青机等。杀青遵循"五定"操作法：杀青机桶壁或蒸汽温度稳定，杀青时要求叶温迅速达到80℃以上；投叶量要稳定；适量投叶，视筒温变化和杀青效果灵活掌握；杀青程度要稳定，要求叶色变暗绿，达到折梗不断，杀青叶含水率约60%；杀青质量稳定。

（3）**杀二青做形** 采用6-CDM名优茶多功能机，待多功能机槽锅温度约160℃即可投叶。杀青叶在槽中慢速滚动时，投叶量一般控制在厚度2～3cm。杀二青的过程要利用转速快慢、投叶多少、放压棒时机、压棒在槽锅时间长短、空压、轻压、重压和火温等综合因素来控制叶温。杀二青初期要迅速提高叶温，待理直茶条不粘手时，放慢转速，放入轻压棒，以帮助理直茶条，约0.5～1min后取出压棒。转速稍微加快片刻，以便增加茶条抖动幅度，散失湿气。后调慢转速，重新放入轻压棒。如此反复多次，视茶条理直程度，控制放入轻压棒的次数。待茶条基本理直即可放入重压棒，待茶条紧直扁平，约六七成干，即可出锅摊凉转入手工辉锅环节。

（4）**手工辉锅** 采用6CCH-63D电炒锅，一般每锅投叶量250～300g，锅温要求约80℃。五指伸开自然并拢或微张，虎口张开，将茶条在手中理直后，稍微用力，要由轻到重，压力逐渐增加。然后采用推炒和抓炒手法，即将茶条收拢并理顺在手掌中之后，轻轻从锅底向正上方推动，再用小指和无名指将茶叶抓入手中，继续向正上方推磨两下，反复数次，直到茶条扁平、挺直、光滑后，转入提香阶段。温度略微提高，炒至茶叶足干时出锅摊凉。

3. 全程机械炒制

工艺流程为摊青→机械炒青锅→机械辉锅。

（1）**摊青** 摊青工艺同上。

（2）**机械炒青锅** 主要机具为全自动扁形茶炒制机，如6CM-445型名茶杀青理条机或智能全自动名茶杀青理条机等。因鲜叶质量不同，选择不同的机械炒青锅。特一级、特二级和一级鲜叶原料炒青锅，采用全自动扁形茶炒制机。待锅温达220℃时投叶，每锅投叶量约100g，青锅时间3～5min。目的是杀青、理直茶条、做扁、做平、提色磨光。智能全自动扁形茶炒制机炒制扁形茶的关键控制点是锅温、炒制时间和炒手距离锅底距离的调整。要求根据原料质量状况和含水量不同，设置锅温、炒制时间等参数。

一级、二级鲜叶原料炒青锅阶段采用两种设备，一是采用6CM-445型名茶杀青理条机或智能全自动名茶杀青理条机。待锅温达230℃时投叶，每条槽锅投叶量约250g，控制青叶在锅底厚度约2cm，杀青时间3～5min，待杀青适度出锅；二是采用智能全自动扁形茶炒制机。待锅温达230℃时投叶，每条槽锅投叶量约250g，控制杀青叶在锅底厚度约2cm，做形时间3～5min，待青锅适度出锅。

（3）机械辉锅　以6CHG-45滚筒型名优茶辉干机为例。桶壁温约85℃时，投回潮叶量3～5kg，转速30～40r/min，加盖炒制约4min，使茶条回软，并开热风排湿。调至桶壁温度约80℃时，揭开桶盖炒制时间约10min。辉锅至茶条扁平光滑，含水率6.5%以下即可。

第四节

海青红茶加工技术

一、条形海青红茶加工技术

2008年前后，随着国内红茶热的兴起，一些创新意识较强的单位、茶企、茶农开始进行红茶生产技术研究、试制。针对海青茶区茶树品种多为黄山群体种的特点，按照茶树品种适制性要求，把"工夫红茶"制作技术作为主要研制目标，总结创制一套先进成熟的海青条形红茶制作技术和工艺。海青红茶产业兴起，丰富了海青茶类，成为海青茶的有效补充，开启了海青茶产业全面发展的新局面。

以青岛益元茶业有限公司研制"碧雪红梅茶"为例：碧雪红梅茶的品质特征：干茶外形条索细紧，色泽乌润，茶香清新芬芳，汤色红亮透明，滋味甜浓鲜醇，齿颊留香，叶底芽叶完整，肥嫩红亮。以春、秋两季茶的品质最佳，夏茶品质略次。为青岛红茶之珍品。

工艺流程为鲜叶采摘→萎凋→揉捻→发酵→初烘→整形→足烘→拣剔精制。

（1）**鲜叶采摘** 鲜叶标准为一芽一叶初展或一芽一叶，采摘时要求提手采，芽叶完整，无病虫叶，不带鳞片鱼叶，无夹杂物，大小均匀，色泽鲜活。

（2）**萎凋** 采用室外萎凋，在23℃～28℃的温度条件下，用直径90cm的竹筛内摊放鲜叶1.4～1.6kg，萎凋30min。然后，转入室内萎凋，室温设定为23℃～30℃，在直径90cm竹筛内摊叶厚度2～3cm，大约2.5kg。采取间断鼓风或吹风，萎凋时间掌握在15～18h，芽叶含水量60%左右，失水重为30%～35%，鲜叶青草味基本消失。

（3）**揉捻** 采用35型揉捻机一次揉捻60min，且采取"轻—重—轻"的揉捻加压方法，先空揉5min，重压10min，松压5min，"加压—松压"交替进行4次，全程用时大约60min。

（4）**发酵** 在正常温湿度条件下，时间为3～4h，一般春茶4～4.5h，夏、秋茶3.5～4h，发酵至叶色呈古铜色，青草味消退，有清醇花果香为止。可采用自然发酵或941型烘干机发酵。

（5）**初烘** 在烘焙机上进行，采用薄摊快烘的方式，温度为115℃，时间

20~25min，大约七成干结束。

（6）**整形** 整形（提香）是形成高品质条形红茶的关键工序。温度大约90℃，时间30min。操作过程中，为便于手工搓揉，注意手掌力度和用力的方向，通常向一个方向搓揉茶团，以紧缩茶叶条索，形成独特外形，即可成为条形红茶的毛茶。

（7）**足烘** 在烘焙机上进行，温度以60℃为宜，用低温慢烘发挥茶叶香气，保留花香，干茶要求水分含量低于6%，以手捻茶叶即成粉末状为宜。

（8）**拣剔精制** 足烘后茶叶割去茶末，拣去茶片、杂物等，摊凉后密封包装，及时贮藏。

二、球形海青红茶加工技术

工艺流程为鲜叶采摘→萎凋→揉捻→发酵→烘干→成球→烘焙。

（1）**鲜叶采摘** 选一芽一叶或一芽二叶的茶树鲜叶为原料。

（2）**萎凋** 采用室外萎凋，将鲜叶倒入萎凋槽摊平，厚度为5~10cm，萎凋至鲜叶质感柔软。然后进行室内萎凋，温度为20℃~30℃，时间为10~15h。

（3）**揉捻** 常温下，将萎凋完成的茶叶装入揉捻机中进行揉捻，揉捻时间为20~30min，每次揉捻完成进行机械解块，重复揉捻、解块过程4次。

（4）**发酵** 将揉捻、解块后的茶叶平铺在发酵筐中，放置于发酵车上进行发酵，温度20℃~30℃，湿度在50%以上，发酵时间为2~6h。

（5）**烘干** 将发酵茶倒入炒茶机中，进行瓦斯加热干燥处理，加热8min，开排气风扇，将炒茶机里面形成的蒸汽吹出，30min后温度达到300℃，然后调小转速和火焰，用微火加热干燥至茶叶变硬，听见沙沙的声音，并有焦香味，关闭火焰利用余温烘烤。

（6）成球　用速包机包茶球40min，然后用球茶机揉捻茶球1～1.5h，随后机械解决30min，重复6次至成形。

（7）烘焙　将成形后的茶叶铺在焙茶机中的架上进行焙制，温度控制在100℃，时间8h，反复焙制4次即得成品。

第五节
海青白毫乌龙茶加工技术

引进山东盛发农业科技有限公司的专利技术，结合海青茶区有机茶原料，进行加工工艺创新，创制出海青白毫乌龙茶。海青白毫乌龙茶品质特征：条索肥壮，显白毫，花香和熟果香、蜜香兼具，滋味鲜醇浓爽，汤色呈琥珀色，清澈透亮（图3-16）。

图3-16　海青白毫乌龙茶汤色与茶形

工艺流程为采摘茶青→日光萎凋→室内萎凋→浪青→发酵→杀青→揉捻→干燥烘焙（图3-17）。

（1）**采摘茶青** 夏、秋季采摘经小绿叶蝉吸食过的一芽二叶的嫩幼芽梢。

（2）**日光萎凋** 将采摘茶青鲜叶均匀薄摊于竹匾上，置于日光下萎凋1h，萎凋至鲜叶质感柔软。

（3）**室内萎凋** 将日光萎凋后的茶叶转移至室内，使室内温度维持在20℃~22℃，空气湿度为65%~75%，萎凋4h。

（4）**浪青** 将室内萎凋后的茶置于浪青机中，浪青30min。浪青后重复室内萎凋，交替3~4次。

（5）**发酵** 将浪青后的茶均匀摊于竹匾上，茶的厚度为2~3cm，然后将其推入发酵室发酵4h，发酵室温度为25℃，湿度为60%。

（6）**杀青** 将发酵后的茶用滚筒杀青机在300℃~350℃高温下杀青8~10min。下机后，将杀青叶迅速抖散，降至室温。

（7）**揉捻** 将冷却后的茶用揉捻机揉捻5~8min。

（8）**干燥烘焙** 将揉捻后的茶用解块机解块，然后置于90℃~100℃烘焙箱中干燥10h，然后维持温度100℃~110℃烘焙30h，直至含水量在5%以内。

图3-17 海青白毫乌龙茶初制流程

第四章
海青茶地理标志申报登记

第一节
海青镇自然与人文概况

海青镇是山东省青岛市黄岛区（西海岸新区）下辖镇，地处青岛市西南端，地理坐标为北纬35°35′~36°08′，东经119°31′~119°37′。南接日照市，北靠诸城市，西邻五莲县。截至2021年10月，全镇辖64个行政村，总面积10200公顷，耕地面积5200公顷，总人口4.3万人。

海青镇地理位置优越，交通十分便利。东距青岛胶东国际机场120km，青岛前湾港80km。省级公路平（度）日（照）、郝（瞳）李（家坡）公路交叉贯穿镇驻地中心，204国道穿越该镇，沈（阳）海（口）高速公路出入口距镇驻地5km。

海青镇是20世纪50年代山东省委、省政府实施"南茶北引、南竹北移"战略镇之一。近年来，海青镇党委、政府立足茶乡、竹乡、水乡特色资源优势，致力于茶叶产业、文化产业、旅游产业"三产融合"发展，已打造成中国北方独具魅力的"茶韵小镇"。先后获得中国最具特色魅力小镇、全国一村一品示范镇、全国休闲农业与乡村旅游示范点、山东省服务业特色小镇、山东省旅游强镇、山东省美丽宜居小镇等荣誉称号。

一、海青茶人文历史

"海州之往青州，途有驿站，往来人名之海青。"追根溯源，海青最早为古代海州至青州的一处必经驿站，故名"海青"。海青镇，1945年属藏马县海青区，1956年藏马县并入胶南县，称胶南县海青区，1958年改为胶南县海青乡、胶南县海青人民公社，1984年改为胶南县海青乡，1991年撤乡设镇，成为胶南市海青镇，2012年黄岛区与胶南市区划合并，成为青岛市黄岛区海青镇。

青岛市黄岛区海青镇，历史上属于古诸城县。诸城最早设城为春秋时期。周惠王十二年（公元前665年）鲁国设城为诸。战国初期，周敬王四十四年（公元前476年），齐大夫田常割齐琅琊为自己的封地。鲁国在战国后期被齐国灭掉，改属齐国。该地区称诸城，始于隋代。隋开皇十八年（公元598年）改东武县为诸城县。诸城自此成为该区域名称，上属高密郡。

北宋时期，苏轼于熙宁八年（公元1075年）由杭州通判改任知密州军州事，即密州知府。苏轼居密州两年，修府学，建寺庙，为民众祈雨减灾，开库济民，做了大量善事，对当地经济文化产生了重大的影响。

苏轼一生酷爱茶，对茶树栽培、茶叶加工、茶叶功效和茶叶品饮都很有研究。在苏轼所写的诗词中，有大量涉及茶的内容。如对泡茶用水，在其《汲江煎茶》诗中曰："活水还须活水烹，自临钓石取深清。"对煎茶的火候，他在《试院煎茶》诗文中描写道："蟹眼已过鱼眼生，飕飕欲作松风鸣。"对茶的功效，他在《游诸佛舍，一日饮酽茶七盏，戏书勤师壁》一诗述为："何须魏帝一丸药，且尽卢仝七碗茶。"他描写茶的佳句为："戏作小诗君一笑，从来佳茗似佳人。"至今世人为之倾倒。这样一位酷爱茶的名人到此地，而且又是从茶文化底蕴深厚的杭州前来任职，要让他不传播茶文化也十分困难，这为海青镇茶产业发展奠定了深厚的历史和文化基础。

二、海青镇自然生态环境

海青镇地处黄海之滨，地貌类型多样，有平原、山丘、水域、湿地、海洋等丰富多样的自然环境。地势背山面海，西北部高，略向东南倾斜，山坡平缓延伸。海青镇所处的地理地势位置和"冬无严寒，夏无酷暑""净气、净水、净土"的良好自然环境，与茶树的适生条件基本相符，为海青镇"南茶北引"试种成功创造了有利条件，也孕育了海青茶特质。

1. 土壤地貌

（1）**地势地貌** 海青茶树种植核心区主要集中在北部背风向阳的半山坡地、南部丘陵地、中部平地，相间分布，地形平缓，土层深厚（图4-1）。

（2）**地质土壤** 成土母质为花岗岩或片麻岩风化物的坡积洪积物，土壤颜色以棕色为主，多为棕壤、砂壤、轻壤土、河潮土。土壤pH值在4.5～6.5，偏酸性，与茶树生长相吻合。区域内土壤无污染，环境质量达一级标准，锰、铜、铁、锌微量元素较丰富，硒、钾、钠元素含量充足。

图4-1 海青北山核心茶区

2. 水资源

（1）**水文特征** 海青镇依山傍海，受海洋性气候影响较大，春季干旱少雨，夏季湿重易成涝，晚秋易旱，冬季少雨雪，呈春旱、夏涝、晚秋又旱、旱涝不均的水文分布特点。

（2）地表水　海青茶区地表水资源主要来自大气降水，多年平均降水量为800mm以上，降水量时空分布不均，区域性、年际间变化较大，降水多集中于7～9月份，占全年降水量的75%。海青镇境内河流纵横，多年平均径流深191.7mm，潮河、甜水河两条主河流连接20多条支河流，构成全镇水道网。另有小型水库11座、塘坝55座，水系发达，水资源丰富。根据国家农业行业标准《农用水源环境质量监测技术规范》（NY/T 396—2000）判定，海青茶种植范围水质的综合污染数为一级，属清洁水平，适宜生产优质的海青茶。

3. 气候

海青镇地处温带，属温带季风气候，四季分明，春季回暖迟缓，干燥多风，夏季无酷热，秋季凉爽温差大，冬季多偏北风，寒冷干燥，但无严寒。冷热季和干湿季的区别明显，具有雨热同季特点。据黄岛区气象资料统计，1990—2021年，海青镇年平均气温12.2℃，年有效积温3986℃～4400℃，年平均无霜期为202天，年平均日照时数2837h，空气相对湿度82%。

海青镇地理位置和气候条件与茶树的适生条件基本相符，海青茶树越冬比南方长1～2个月，使中国种茶向北延伸了4个纬度，成为纬度最高的江北茶区。高纬度茶区昼夜温差大、茶树冬季休眠期长，利于茶叶内含物质积累，有益物质丰富。而地处沿海茶区，湿润的空气可有效阻挡太阳光的直射，形成漫射光，极易提升茶叶品质。

第二节
海青茶的诞生

一、汉墓群与海青茶

海青茶的由来历史已久。海青镇甲旺墩村位于镇驻地东南5km处,有龙山文化遗址甲旺墩及汉墓群,当地群众称其为"八王墩"。2018年2月12日,入选青岛市第十批市级文物保护单位。据《胶南县志》记载:甲旺墩遗址和汉墓群曾出土石器、陶器等文物。经考古学家鉴定,出土文物中有西汉时期(公元前206年—公元25年)的陶器、铜器、漆器等,出土的陶器中有部分茶具,由此推测出在2000多年前就有"海青茶饮"(图4-2)。

图4-2 海青镇甲旺墩汉墓及出土陶器茶具

二、"南茶北引"与海青茶

据1990年《胶南县志》大事记:1965年冬,胶南县从安徽引进茶种,试种于铁山公社张仓大队和海崖公社高峪大队，试种成功后，先后推广至海青、铁山、张家楼等地种植。1966年，海青公社在后河西村、后河东村和董家洼村试种42亩成功，定名为"海青茶"（图4-3）。

图4-3 《胶南县志》海青试种茶叶成功的记载档案

第三节
海青茶地理标志登记

一、农产品地理标志

农产品地理标志是指标示农产品来源于特定地域，产品品质和相关特征主要取决于自然生态环境和历史人文因素，并以地域名称冠名的特有农产品标志。此处所称的农产品是指来源于农业的初级产品，即在农业活动中获得的植物、动物、微生物及其产品，原材料全部来自本地区或部分来自其他地区，并在本地区按照特定工艺生产和加工的产品。农产品地理标志具有农业物质和非物质文化遗产属性，也是农业知识产权的重要体现。

我国是传统农业大国，自然生态和资源禀赋多样，具有悠久的农耕文明历史和深厚的饮食文化，形成了大量具有地域特色的农产品。自2008年原国家农业部启动农产品地理标志登记保护工作以来，在各级地方人民政府和农业农村主管部门的积极推动下，截至2021年11月，全国已登记农产品地理标志3454个，涉及果品、蔬菜、粮食、茶叶、畜产品、水产品等20余个类别。农产品地理标志在发展区域经济、打造特色品牌、增加农民收入等方面的作用日益明显，对于推进农业供给侧结构性改革、农业"走出去"和乡村振兴战略实施都具有重要意义。

二、海青茶地理标志登记保护

天赐山水育北茶海青，地标保护扬品茗味道。现今，历经半个多世纪的发展，在北纬35°35′~36°08′、东经119°31′~119°37′海青镇域范围内，茶树种植面积达2000公顷，海青镇已成为"中国江北茶业第一名镇"。

为保护"海青茶"这一具有特定人文历史和自然生态环境条件的名优农产品，充分发挥特色农产品的优势，促进农产品品牌建设，增强"海青茶"市场竞争力。2014年8月青岛市黄岛区人民政府同意将"海青茶"区域公共品牌申报国家农产品地理标志登记保护。

《农产品地理标志管理办法》规定，农业农村部负责全国农产品地理标志的登记工作，农业农村部农产品质量安全中心负责农产品地理标志登记的审查和专家评审工作。省级人民政府农业行政主管部门负责本行政区域内农产品地理标志登记申请的受理和初审工作。农业农村部设立的农产品地理标志登记专家评审委员会，负责专家评审（图4-4~图4-6）。

第四章　海青茶地理标志申报登记

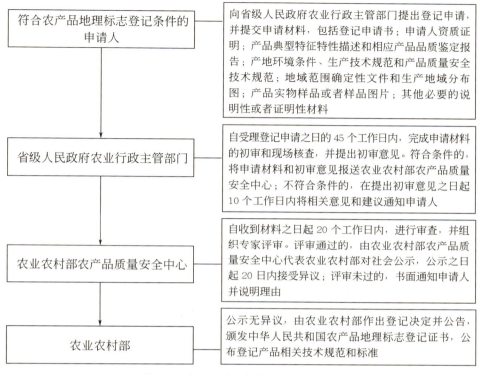

图4-4　农产品地理标志申报登记流程

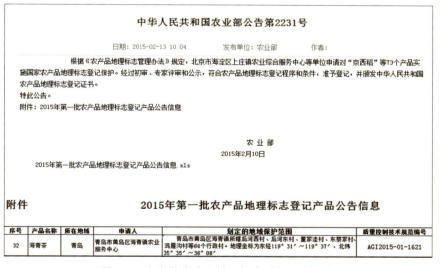

图4-5　海青茶农产品地理标志登记证书公告

农产品地理标志　海青茶

图4-6　海青茶农产品地理标志登记证书

三、海青茶地理标志保护地域范围

海青茶农产品地理标志地域保护范围包括海青镇后河西村、后河东村、董家洼村、东蔡家村、鸿雁沟村等64个行政村，东到宋家岭村，西到小岭村，南到修七元村，北到后河东村。地理坐标为北纬35°35′～36°08′，东经119°31′～119°37′，面积达2000公顷，年产干茶1300吨。

第四节
海青茶地理标志授权使用

农产品地理标志是知识产权重要类型之一，纳入知识产权的保护领域。农产品地理标志的知识产权保护，对于保证农产品的质量，保护农民的切身利益，提高农产品的市场竞争力，促进农业生产发展，增加农民收入，满足人民

第四章 海青茶地理标志申报登记

需求，保持市场繁荣稳定，发挥着重要的作用。

为规范农产品地理标志的使用，保证地理标志农产品的品质和特色，提升农产品市场竞争力，依据《中华人民共和国农业法》《中华人民共和国农产品质量安全法》相关规定，由中华人民共和国农业部于2008年2月1日颁布施行《农产品地理标志管理办法》，配套制定《农产品地理标志使用规范》和《农产品地理标志公共标识设计使用规范手册》。

一、海青茶地理标志使用规定

第一条 符合下列条件的单位和个人，可以向"海青茶"农产品地理标志登记证书持有人申请使用"海青茶"地理标志：

（一）生产经营的茶叶产自登记确定的地域范围；

（二）已取得茶叶生产加工的生产经营资质；

（三）能够严格按照规定的质量技术规范组织开展生产经营活动；

（四）具有海青茶市场开发经营能力。

使用"海青茶"地理标志，应当按照生产经营年度与登记证书持有人签订农产品地理标志使用协议，在协议中载明使用的数量、范围及相关的责任义务。

第二条 "海青茶"地理标志使用人享有以下权利：

（一）可以在产品及其包装上使用"海青茶"地理标志；

（二）可以使用"海青茶"地理标志进行宣传和参加展览、展示及展销。

第三条 "海青茶"地理标志使用人应当履行以下义务：

（一）自觉接受登记证书持有人的监督检查；

（二）保证"海青茶"农产品地理标志的品质和信誉；

（三）正确规范地使用"海青茶"农产品地理标志。

第四条 使用"海青茶"农产品地理标志的生产经营者，应当建立质量控制追溯体系，农产品地理标志登记证书持有人和标志使用人，对"海青茶"的质量和信誉负责。

第五条　任何单位和个人不得伪造、冒用"海青茶"农产品地理标志和登记证书。

第六条　鼓励单位和个人对农产品地理标志进行社会监督。

海青茶地理标志实行授权使用，具体使用流程如图4-7所示。

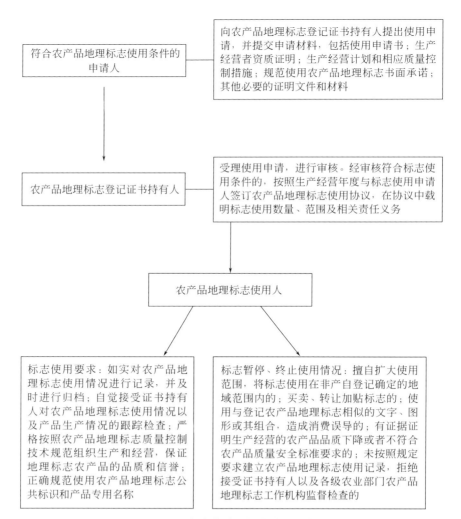

图4-7　海青茶地理标志使用流程

二、海青茶地理标志品牌标识

海青茶农产品地理标志品牌标识见图4-8。

图4-8　海青茶农产品地理标志品牌标识

三、海青茶地理标志授权使用单位

海青茶农产品地理标志授权使用单位见图4-9。

图4-9　海青茶农产品地理标志授权使用单位

第五节
海青茶品质特性特征和质量安全规定

一、海青茶等级指标

海青茶按感官品质分为特级、一级、二级、三级四个等级（夏茶不设特级；自然舒展形不设二级、三级）。

二、海青茶理化指标

海青茶光照充足，生长期长，芽叶肥壮饱满，氨基酸等有机成分含量高，品质表现为"香似豌豆香、汤似小米汤"。

总体感官特征：外形较南方茶硕壮重实，色泽墨绿油润；香浓郁高长；汤色黄绿明亮；滋味浓醇爽口；叶底黄绿匀亮。

独特内含成分：茶多酚18.0%～26.8%，儿茶素14.7%～17.4%，氨基酸2.0%以上，咖啡碱3.1%～3.5%，黄酮0.6%～1.2%，水浸出物43.8%～53.5%，总糖3.5%～4.6%（表4-1）。

表4-1 海青茶理化指标

项目		指标
水分/%	≤	6.0
碎末茶/%	≤	4.0
总灰分/%	≤	6.0
水浸出物/%	≥	37.0

续表

项目		指标
粗纤维 / %	≤	16.0
硒（以 Se 计）/（mg/kg）	≥	25.0
氨基酸总量 / %	≥	2.0

第六节　海青茶农产品地理标志保护

随着我国经济发展进入新阶段，居民生活水平和消费层次不断提高，现在人们不仅要求吃得饱、吃得好、吃得安全，更讲究吃出营养、吃出特色、吃出文化。2017年，中共中央、国务院发布《关于深入推进农业供给侧结构性改革加快培育农业农村发展新动能的若干意见》，明确提出要建设一批地理标志农产品和原产地保护基地，推进区域农产品公用品牌建设。农产品地理标志这个重要的区域特色农产品资源和公用品牌，也越来越受到地方政府和社会各界的高度重视和广泛关注。同样，海青茶地理标志保护工作由此提上议事日程。

一、指导思想

以具有独特地域、独特生产方式、独特品质和独特历史文化的地理标志农产品为基础，围绕农业高质量发展要求，以促进乡村特色产业发展和提升农业质量效益竞争力为目标，以品种培优、品质提升、品牌打造和标准化生产为主线，着力推动全产业链标准化生产，提升地理标志农产品综合生产能力，强化产品质量控制和特色品质保持。加强传统农耕文化挖掘，讲好地理标志农产品历史故事，叫响区域特色品牌，强化全程数字化赋能、质量标识和可追溯管理，打造"海青茶"地理标志农产品引领乡村特色产业发展样板，助力乡村振兴和农业农村现代化。

二、工作目标

在"海青茶"农产品地理标志划定的产地保护范围内实施保护工程项目。通过项目实施，增强"海青茶"地理标志农产品综合生产能力，推进生产标准化、产品特色化、身份标识化、全程数字化水平，显著提升品牌价值、产品知名度、美誉度和市场占有率，带动农户收入持续增长，乡村特色产业发展取得显著成效。

三、实施内容

1. 增强综合生产能力

种质资源保护与利用：建立名优茶树品种引进试验与示范基地，建设茶树种质资源圃，加强特色品种繁育选育和提纯复壮。

核心生产基地建设：支持新型农业生产经营主体建设高标准茶园，推广应用滴灌、微喷、水肥一体化、太阳能杀虫灯、粘虫板、有机肥替代化肥等绿色防控技术和清洁化生产模式，推动园区技改与提升，提高地理标志农产品综合生产能力。

茶业机械作业能力升级：引进茶园管理修剪机、茶叶采摘机、全自动智能扁形炒制机等新型生产加工设备，提高机械作业能力和劳动生产效率；创新应用数字化智能化生产技术和加工工艺，增加核心园区规模和效益，年销售额达2000万元以上。

2. 提升产品质量和特色品质

创建全产业链标准综合体试点：初步建立并推广应用"海青茶"全程质量控制技术规范，打造"海青茶"全产业链标准综合体（试点），保持"海青茶"特色和特质，守护"海青茶"品质，提升"海青茶"品牌影响力和创造力。

产加销技术培训与推广：开展生产经营主体生产、加工、销售、监管等全程标准化培训，加强标准实施应用和示范推广，按标生产技术培训不少于500人次，辐射带动农户500人以上，实现人均收入年增长10%以上。

产品检验检测和品质评鉴：加大对"海青茶"地理标志农产品例行抽检和监督力度，组织品质评鉴，推动产品分等分级，促进地理标志农产品特色化发展。

3. 推进品牌建设

建设"南茶北引"展览馆：通过展览馆征集、典藏、陈列"海青茶"传统农耕文化，突出文化积淀和历史传承，讲好地理标志农产品历史故事，丰富品牌内涵。

图书和视听媒介宣传：组织编写一部"国家地理标志农产品——海青茶"专著，拍摄制作一部"海青茶"地理标志农产品宣传片，借助科普读物和视听媒体手段，固化与推广应用"海青茶"自然人文、地理标志申报登记、栽培加工技术和营销技能、品牌保护提升等科学文化知识。

品牌与会展推介：设置地理标志农产品标牌、展板和宣传栏等，公告"海青茶"地理标志保护发展信息；组织"海青茶"生产经营主体参加山东省农业龙头企业推选、"青岛农品"区域公用品牌和"琅琊榜"评选，以及全国农产品展会、农交会等会展平台进行宣传推介。

农产品认证和认定：鼓励扶持"海青茶"生产经营主体开展绿色食品和有机农产品认证（中绿华夏）、良好农业规范（GAP）、名特优新农产品申报登记等，提高品牌认知度和市场竞争力，促进品牌溢价。

4. 推动身份标识化和全程数字化

规范标志授权使用：完善"海青茶"登记、监管、维权、服务等支持体系；建立"海青茶"品牌授权使用制度，规范质量标识和产品带标上市，保护"海青茶"地理标志知识产权。

无人机识别与监控：应用无人机对"海青茶"授权全域生产情况进行实时监控与识别管理。

全程数字化管理：构建"海青茶"智慧生产、加工、营销、监管、服务等全产业链数字化管理平台，用数字赋能"海青茶"产业，提升产业价值。

四、预期效果

从实施效果来看，农产品地理标志的实时保护，总体显示为保护效应、增值效应、溢价效应。三大效应所带来的经济效益和社会效益已初见成效。

一是推进农业标准化建设。地理标志保护的申报过程，促进了标准化示范区的建设，规范了生产过程，夯实了申报成功的基础，提供了坚实的技术保障。

二是促进产业集群培育。一方面，地理标志农产品对其他经济资源具有聚集效应，从而会引导和发展地理标志农产品的产业集群；另一方面，农业产业集群的形成和发展又将会保障、提升地理标志农产品的质量、信誉与品牌，进一步强化了农产品地理标志保护制度。

三是提高农产品竞争力。"海青茶"获取地理标志后在国内外市场份额增加20%，说明了申请地理标志保护的产品在国际上有很高的认可度，在市场上具有很强的"比较优势"，可以提高其在国际市场上的竞争力和价格水平。

四是提升农业经济效益。地理标志保护工程的实施，融入全产业链标准化和数字农业、智慧农业等现代农业技术，受保护产品的经济效益平均提高20%以上，有的甚至成倍增长。

五是推动区域经济发展。地理标志农产品获得了巨大的品牌价值和经济收益，本土产品的知名度和影响力得到提升，促进了农业产业化，推动了区域经济发展。

第五章

海青茶树良种选育繁育与提纯复壮

农产品地理标志　海青茶

第一节
茶树品种概念及分类

一、茶树品种的概念

茶树品种是人类在一定的生态和经济条件下，根据自己的需要而创造的茶树群体。品种具有下述内涵。

1. 品种是人类长期劳动的产物

人类为满足生活的需要，挑选野生茶树，经过长期的栽培、驯化和人工选择，选育出具有一定特点，适应一定自然条件和栽培条件的茶树群体，即茶树品种。

2. 品种应具备遗传稳定性和形态一致性

在一定范围内，无论种植面积大小，品种必须有相对的遗传稳定性。同一品种必须保持生物学和形态学上的相对一致性，在生产上才有利用价值。

3. 品种必须符合茶叶生产的需要

品种应对其所处的生产和生态环境有一定的适应性，具备完成生产目标的潜力。

二、茶树品种的分类

1. 按品种来源分类

分为地方品种、群体品种和育成品种。地方品种是指在一定的自然条件下,经过长期的自然选择或人工选择而形成的,对当地具有最广泛适应能力的品种。除一些无性繁殖的品种外,一般在未改良之前,常常是一个较混杂的群体。群体品种是未经改良的地方品种,或略经改良而通过有性繁殖的品种,往往在同一个品种内包含某些性状不一致的各个类型,它们的遗传性状较复杂,个体间差异较大。育成品种是经科学的育种方法和手段选育、评定、认定出来的新品种。

2. 按繁殖方式分类

分为有性系品种和无性系品种。有性系品种是世代用种子繁衍的品种,个体间特征、特性有差异,亦称群体种,如龙井种、鸠坑种、黄山种等。无性系品种是指世代用无性方式,如扦插、压条、嫁接等繁衍的品种,个体间性状相对一致,如福鼎大白茶、龙井43等。

3. 按芽叶早发性分类

依照其在原产地一芽一叶期的早晚,分为特早芽种、早芽种、中芽种和迟芽种。特早芽种是指发芽特别早的品种,常见的有乌牛早、龙井43、福云6号和早逢春等。早芽种常见的有福鼎大白茶、龙井长叶、迎霜和浙农113等。中芽种常见的有翠峰、碧云和毛蟹等。迟芽种有政和大白茶、铁观音、杨树林781和白芽奇兰等。生产上常以福鼎大白茶作为对照,发芽时间与该品种相当的属于早芽种,而比该品种早5~7天以上的品种被认为是特早芽种,迟5~7

天的为中芽种，发芽更迟的属迟芽种。

4. 按茶叶适制性分类

分为绿茶品种、红茶品种、红绿茶兼制品种和乌龙茶品种等。顾名思义，绿茶品种指适宜制作绿茶的品种；红茶品种指适宜制作红茶的品种；红绿茶兼制品种则是既适合制绿茶，加工红茶品质也不错的品种；乌龙茶品种是适合加工乌龙茶的品种。

第二节
海青茶树良种选育

一、海青茶树良种选育目标

茶树优良品种能充分利用当地自然资源和生产条件，克服不良环境和病虫害等一些常见的障碍因素，获得较高的产量、品质和经济效益。茶叶生产以鲜芽叶器官为原料，选择品质和适制性兼具的茶树良种，是茶叶高产、高质、高效生产的重要基础。一般来说，茶树良种在生产上具备许多良好特性。

1. 早生优质

茶树发芽早，有利于名优茶生产。一般发芽早的品种生长期较长，茶叶内在品质、产量较高，能获得较高的经济效益。在品质或综合性状较好的前提下，或者尽管有时该品种的产量和品质并不高，但其发芽或开采期比当地种提早10～15天，也列入选择目标之内。

优质是良种选育的首要目标。茶叶优质特性认定要综合考虑茶叶的色、香、味、形四项品质要素，茶叶生化成分符合特定茶类品质的要求。改善栽培管理措施和采制技术，在一定程度上能提高茶叶品质。但形成茶叶品质的物质基础是芽叶的生物化学特性和外部形态特征，而这是由茶树品种决定的。因此，品种在影响茶叶品质的诸多因素中起关键作用。不同的茶类对茶叶的内含成分有其特殊要求。如名优绿茶细紧绿润、香气栗香持久、滋味鲜浓回甘，要求氨基酸含量高、茶多酚适中、酚氨比较低等。一般要求茶多酚含量在16%~25%，氨基酸高于3%，酚氨比小于8。另外，不同品种芽叶的外形特征，如大小、颜色、厚薄和茸毛多少等均影响成品茶的外形，从而影响其品质。如龙井43在内含成分上含氨基酸为3.7%，茶多酚为18.5%，酚氨比为5。龙井43外形上有芽叶纤细、颜色深绿、茸毛少等特征，制成龙井绿茶有外形扁平、光滑、挺秀，色泽嫩绿，香气郁幽，滋味甘醇爽口等品质特点。如制红茶，则需色泽乌润显毫，香气浓郁鲜甜，滋味浓酽爽口，要求茶多酚含量达30%以上。

2. 高产高抗

茶树良种高产性是其形态特征和生理特性的综合表现，是指具有较高的生物产量和经济效益，是茶树良种应具备的最基本条件。在自然条件和栽培管理水平相对一致的情况下，很多茶树良种比普通品种增产20%~30%，有的增产幅度更大。在正常管理措施下，苗期生长健旺，投产后（7~8年）品质达到或超过一般水平，每亩可生产干茶达125kg以上，正式投产后稳定在150kg以上。

茶树抗受寒、旱、涝、病、虫等逆境因素的能力，是由品种的遗传性所决定的。同时，与对环境的适应能力有十分密切的关系。茶树抗逆性强弱，决定该品种种植范围的大小及茶树的生长势。抗逆性强的茶树良种，适合较大范围内的土壤、气候和栽培条件，并且能取得较高的产量和品质。青岛市海青茶区降水不足，春季和晚秋易旱，冬季寒冷。选育引进良种，不仅综合性状要比较优良，而且品种具有抵御低温冻害的能力，以及抗旱能力较强，对危害较普遍的小绿叶蝉、螨类、茶饼病、根结线虫病罹受率低。如福鼎大白茶的抗寒、抗旱能力较强，适合在江北海青茶区种植，且能获得较高的产量。

3. 特异多样

茶树品种具有某些特征和特性，是生产各类名特优新特质茶的物质基础。如咖啡碱含量特低，或茶多酚含量特高，或有特殊茶香，或氨基酸含量特高，或对某种病虫或不良环境条件具有特别的抗性，或与众不同，如紫芽、叶片白色或黄色等，或可以满足保健、免疫等特种功能茶的生产要求。

研究表明，茶叶中的茶多酚、儿茶素、茶氨酸等可以增强人的免疫力，有益于降血糖、降血压、降血脂、防癌等。因此，培育高茶多酚和高茶氨酸含量的茶树品种，既可满足特种茶叶生产的要求，促进茶产品的多样化，又可作为深加工的原料，促进茶叶深加工、食品和医药等相关行业的发展，提高茶资源利用率。另外，无公害农产品、绿色食品、有机茶的发展，对茶树品种抗病、抗虫和抗不良环境的能力提出了更高的要求，选育的品种对某些病虫害、旱害、寒害和贫瘠土壤有较强的抗性或忍耐力，从而大大减少了农药和化肥的用量。因此，多样性或特异性也将是今后茶树良种选育重要的目标之一。

4. 机采机制

在茶叶生产中，人工采摘和炒制用工约占整个茶叶生产劳动用工的80%以上。如改用机械采摘和加工，生产用工成本可降低2/3以上。机采机制是当前茶叶生产机械化最重要的一环。随着机械采摘和制茶程度的提高，生产者对茶树品种发芽的一致性、整齐度、持嫩性等，也必然有更高的要求。无性系良种往往发芽整齐,密度大,单位面积内可采的芽叶数量多,且芽叶成熟度一致,大小均匀,有利于实现采茶机械化,从而大大降低采摘成本。机械采摘,采回的鲜叶均匀一致,也有利于茶叶加工和分级,提高成品茶的质量。

二、海青茶树良种性状标准

选择茶树良种,应综合考察植株、叶片、叶芽、花果等性状。

1. 植株

茶树按照植株的高矮、有无主干或主干明显程度、分枝稠密不同,分为乔木型、半乔木型和灌木型三种(图5-1)。

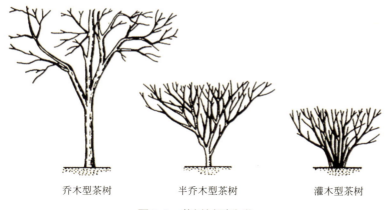

图5-1 茶树树型分类

茶树植株优良性状表现为:植株要高大,树冠广阔,树势健壮,分枝疏密适度,树姿呈半展开状。茶树高而树冠大,所构成的采摘面就大,个体的发芽数多;茶树分枝疏密适度,有利于叶片进行光合作用,芽叶生长肥重;树姿与树冠同分枝密度是相适应的。

节间较长、分枝角度较大是树冠枝条的另一优良标志。具有这样特征的茶树,.顶端优势强而木质化较慢,因此持嫩性佳。但要注意的是,节间长的往往抗逆性弱,在旱季或严冬有脱叶现象。还有一种被称为"晒面茶"的类型,它的芽叶突出密生在树冠上层,也是一种丰产标志,通过修剪更容易显示其特性,有利于机械采茶。

2. 叶片

茶树叶片有鳞片、鱼叶和真叶三种类型。鳞片,无叶柄,保护芽和叶,随着芽萌展生长而脱落。鱼叶,是新梢伸长初期展开的过渡性叶片,具有一定的光合作用能力,叶厚、质脆,侧脉不明显,锯齿不全,主要功能是辅助幼芽。真叶是完全发育的叶片,叶缘有锯齿,呈鹰嘴状,生长在鱼叶之上,分为幼叶、成叶和老叶,我们所喝的茶一般是采摘的真叶幼叶。

茶树叶片要大、长、尖、软,叶面隆起而富有光泽,叶色绿而鲜艳,芽叶肥重。产量高、品质好的品种一般叶片长而大;品质低下的叶片往往薄而粗硬,叶色深暗。然而,暗绿色叶的茶树对低温的忍耐较强,有利于抗寒。叶肥厚而柔软,叶色较浅而富有光泽,叶面隆起而显波缘,表示植株活力充沛、育芽性强、适制性好,但具有这类性状特征的品种大多经不起干旱、寒冻和病虫害的侵袭。茶树的叶片构成如图5-2所示。

图5-2 茶树的叶片构成

成品茶的外形品质和叶片的形状有关。以外形著称的茶类，如条索美观的红茶、绿茶用长形的叶片加工比较容易。叶片形态还与某些化学成分有一定的相关性。例如，叶端尖长，单宁含量高；叶面特别隆起且具有强光泽，咖啡因含量较多。

叶片的解剖特征，主要是测定海绵组织与栅状组织的比值，比值高则表明叶质柔软而内含物丰富。叶质硬、抗逆性强的标志是表皮细胞壁厚，栅状组织层次多，下表皮气孔小而密，海绵组织细胞紧列。

3. 叶芽

茶芽是茶树枝、叶、花的原始体，分为叶芽（又称营养芽）和花芽。叶芽发育成为枝条，花芽发育成为花。芽位于枝条顶端，称为顶芽；芽着生于枝条叶腋间，称为腋芽。顶芽和腋芽统称为定芽。另外还有生长在树干颈部的不定芽，又称为潜伏芽。潜伏芽在树干生长之初就存在，隐伏在树皮内树干中处于休眠状态，但依然保持着生命力，只要将树干砍去（如重修剪、台刈等），新的枝条就可以萌发出来。

优良茶树品种发芽要早，芽壮而长，茸毛细密，呈绿色或黄绿色，育芽性强。芽头尖壮而不成驻芽的，不"散条"，叫作"蕨子茶"；易成驻芽的叫作"鸡毛茶"。这些性状除了与树势有关外，也与品种有关。茶芽嫩度好、品质佳的特征是嫩叶的芽头尖锐，背卷而茸毛丰富，古称"鹰爪"。

色泽不同，芽叶的化学成分含量也有所不同，优良品种的茶单宁、浸出物、咖啡因等化学成分含量一般较高。但由于不同茶类对化学成分的要求有所不同，所以不在选择上过于强调。

4. 花果

如果不是以采收种子为目的，则开花早、开花多和结实多的茶树通常都是低劣的类型。茶花、茶果的大小与茶叶的大小呈正相关趋势，因此选择茶叶品种以花果大为佳（图5-3）。

图5-3　茶树花与果实

总体来说，优良茶树品种应具有发芽早、育芽多、树冠大、叶色绿、芽叶重、伸育快、制茶好、采摘期长、适应性强、新梢持嫩等性状特征。

三、海青茶树良种选育方法

青岛海青茶区"南茶北引"试种茶树成功，引进、试验、示范、推广应用一大批茶树良种，有些已成为当家品种。利用好现有种质资源，进行品种改良和培优，是海青茶保护和提升的重要举措。

1. 系统选育

从保存资源、原始材料、原始群体等育种材料中，按一定的性状特性育种目标选出优良单株，分别扦插育苗繁殖，通过种植鉴定，比较选择出最优良的单株系，进行株系比较，区域试验，再经审定，育成新品种。选育步骤：株选→株繁→株系比较→品种比较→品种鉴定→品种审定与推广。

（1）优良单株选择　在生产茶园、苗圃、品种园中按育种目标观测，如发芽早晚、着芽密度、生长速度、休止期等。入选者挂牌标记。最好进行春、夏茶制小样审评，以直接确定其品质特点和饮用价值，并决定选择单株的取舍。早芽或特早芽型单株，一般不予淘汰。

（2）**初选单株扦插繁殖** 对入选的单株进行短穗扦插，迅速扩大数量，以供株系比较试验使用。

（3）**株系比较试验** 入选的几个株系布置在同一试验小区，对其主要形态特征、生物学特性、经济性状等作观察鉴定，并同时扩大优良株系的繁殖数量。

（4）**品种比较试验** 选择优良株系种植于品种比较试验圃，对其长势、产量、茶类适制性、品质特点等性状，连续3年与标准种（绿茶福鼎大白茶、大叶红茶勐库种、中小叶红茶毛蟹或祁门种等）进行比较，并继续进行扦插繁殖。

（5）**品种区域性试验** 对选出品种进行区域适应性试验，以便确定其推广的适宜地区。试验的布置和内容，基本上与品种比较试验相同。为了缩短育种年限，两者可同步进行。

（6）**品种审定与推广** 对区域试验性状显著优良而稳定的品种，按规定程序向所在省茶树良种审定机构提出审定要求。通过审定的品种列为相应级别的良种，可以引种推广。

2. 杂交育种

杂交育种是将具有不同遗传特性的茶树，通过雌雄性细胞的人工结合，从杂种后代中按育种目标进行选择，从而选育成新品种。人工组合杂交，可使父本与母本遗传基因重新组合或产生基因互补，从而可能出现综合亲本性状的新组合，或产生超亲本现象。

亲本选配应掌握以下原则：一是父本与母本性状能相互取长补短，尤其母本的综合性状要好，仅需导入某种需要改良、增补的性状，这样的杂交易获得成功。二是双亲的花期要吻合或接近，尤其应注意组合亲本有无生殖隔离现象（如花粉不发芽、柱头低位、胚胎不发育等），如政和大白茶、水仙、佛手、梅占等品种本身不结实，就不能用作母本。父本的花粉也应具有较高的发芽率，一般在80%以上。三是种间或双亲生态隔离的组合杂交，其杂种优势显著，容易出现超亲本现象，但这种杂交结实率普遍较低，结合组织培养法（如利用未成熟胚胎培养）可以大大提高杂交效果。

在确定好杂交组合、选择好授粉母株（一般是青壮年树）后，授粉前1~2天从父本株上采集含苞欲放的花蕾，放入培养皿或牛皮纸袋中，再置于干燥器内。次日早晨，将已开放的花蕾花粉用毛笔轻轻刷下，除去杂质，收集在带色小广口瓶中备用。为了防止母株的自然授粉，可先行套纸袋隔离。根据花柱先熟于花粉的特性，亦可采用"剥花"授粉法。具体操作是，晴天上午的8时至10时，选择未完全开放（花柱未外露）的花蕾，徒手将花瓣轻轻扒开，露出柱头，然后用干净毛笔将花粉蘸在柱头上，随即将花瓣复原，再用长1.5cm、宽0.8cm的医用胶布将花瓣粘封（不可黏着萼片）。这种方法一次授粉受精率可达80%~90%，故一般不需二次授粉。授粉后即挂牌标记，记录组合亲本名称、授粉日期、天气、授粉人等。

茶树从授粉到结实为时一年。10月正是花果同现"抱子怀胎"的时候，故授粉后必须加强母株的培育管理。防止冻害，摘除不必要的花蕾、幼果，减少落果的发生。授粉后第二年从母株上采下的杂种茶籽可以单独播种。从两年实生苗起，就可从中选择符合要求的单株，按150cm×150cm规格单株种植，连续观察3~4年，并将优良单株同时进行扦插繁殖。然后，按系统选种的步骤对杂交材料进行株系比较、区域试验等，选育出理想品种。

3. 辐射育种

利用射线照射茶树某一部分器官或种子，诱发其产生变异，然后选育成新品种。辐射育种一是可使突变率比自然突变率增加1000倍左右，扩大了选择的范围；二是能有效地改变品种的单一不良性状，尤其在抗病育种上有特殊作用；三是可打破某些性状的连锁遗传能力，去除与优良性状连锁在一起的不良性状；四是能克服远缘杂交的不亲和性等。常用的射线有γ射线和β射线。

辐射的材料选择同杂交亲本一样。应选综合性状好，只存在个别缺点的亲本。一般用茶籽或茶苗、插枝作为辐射的材料，不同生长发育状态或部位对辐射敏感性不同，萌动芽比休眠芽、扦插苗比实生苗、叶芽比花芽敏感。

第三节　海青茶优良种苗繁育

茶树良种繁殖方式分为有性繁殖和无性繁殖。

一、茶树有性繁殖

有性繁殖又称种子繁殖，指通过有性过程产生的雌雄配子结合，以种子的形式繁殖后代。茶树是异花授粉植物，其种子具有两个亲本的遗传特性，有性繁殖的茶苗遗传性复杂，变异大，能提供丰富的遗传材料。

种子繁殖方法简单，成本较低，后代适应性强，比较耐瘠，容易栽培。缺点是后代容易产生变异，不利于保持母树的优良性状。

（一）茶籽采收与贮藏运输

茶籽的采收与贮藏运输直接影响茶籽活力，采收和采后种子的贮藏运输管理必须予以重视。

1. 茶籽采收

茶籽在茶树上经过1年左右的时间才能成熟。茶籽趋向成熟期，其生理变化主要是可溶性的简单有机物质向种子输送，经过酶的作用，转化为不易溶解的复杂物质（如淀粉、蛋白质和脂肪等），并贮藏在子叶内。随着茶籽成熟，营养物质进一步积累，水分逐渐减少。

掌握茶籽的成熟期、适时采种非常必要。采收过早，由于茶果尚未达到成熟，茶籽含水量高，营养物质积累少，容易干缩或腐烂，从而丧失发芽力，即使可以发芽，茶苗也无法健壮生长。采收过迟（11月以后），果皮容易开裂，落地茶籽受到暴晒和潮湿等影响，种子容易霉烂。适时采果，可以增收茶籽，提高茶籽的发芽率。采收时，对选择的良种茶树的茶籽应单采单放，落到地下的好茶籽也要捡拾，做到"采尽树上果，捡尽地上子，颗粒还家不浪费"。

我国多数茶区，霜降（10月22日）前后10天是茶果的最佳采收期。当多数茶果已成熟或接近成熟时即可采收。茶果成熟的标准为：果皮呈棕褐色或绿褐色，背缝线开裂或接近开裂，种子呈黑褐色，富有光泽，子叶饱满，呈乳白色。通常来讲，茶树上有70%~80%茶果的果皮褐变失去光泽，并有4%~5%的茶果开裂时就可以采收。

茶籽采回后，应在阴凉干燥的地方摊放，每天翻动一次，几日后果皮开裂，用筛子筛出种子，再摊晾阴干一些水分。摊放的厚度在10cm左右，不能堆积和日晒，并要经常用木齿耙翻动，避免种子温度过高。种子的含水量阴干至30%左右即可，然后簸去夹杂物，剔去虫伤籽、空壳籽和霉变籽，用孔径11～13mm的筛子分级，筛面上的茶籽为合格茶籽，留下贮藏和播种用，筛下的不合格茶籽则另作他用。

2. 茶籽的贮藏与运输

茶籽在贮藏过程中，一方面保持必要含水量，另一方面可完成后熟作用。茶籽贮藏的方法因时间的长短而不同。

短期（20天内）贮藏，可以用麻袋盛装，斜靠排列，不要堆积。

长期（20天以上）贮藏，常用室内沙藏法。具体方法为：选择阴凉、通风、干燥、无阳光直射的室内及不返潮的地面，准备足量筛好的半干半湿的沙（湿度以手握成团，放手后散开为宜）。沙藏时，先在地面铺一层细湿沙，厚度7～10cm，每隔70cm竖插一个草把，然后在沙上铺一层茶籽，厚度10～13cm，再在茶籽上面铺7cm厚的沙。依次类推，一层茶籽，一层沙，茶籽层数为3～5层，最后在茶籽上面盖7cm左右的沙，再在沙上面撒少许长草保墒，沙与茶籽总厚度不超过70cm（图5-4）。贮藏期间，经常抽样检查，若发现种子干瘪，说明沙湿度过低，适量洒室温水。若发现茶种胀裂或霉变，说明沙湿度过大，及时通风排湿、降温。沙藏法要求种子的含水量在25%～30%。

图5-4　茶籽沙藏法示意图

如果茶籽不需外运，也可以进行畦藏法。这是一种比较简单的室外贮藏方法。选择排水良好、地势平坦的红、黄壤土的地方整土做畦，畦宽1～1.5m，高13～17cm，将种子密播在畦上，厚度7cm左右，然后盖上7cm左右的细土或湿沙，再铺上一层稻草，至次年春天把茶籽取出来正式播种。

如果茶籽需要运往外地，必须做好包装，通常可用草袋、麻竹篓包装，每件装茶籽25～30kg为宜。同时，要尽量缩短茶籽的运输时间，途中应注意防潮防热，避免烈日暴晒和雨水淋洗。到达目的地后，应及时解包检查、妥善摊放，并尽快播种。如果无法及时播种，应做好贮藏工作。

（二）茶籽播种与育苗

播种方法对幼苗的生长势、抗逆性和成活率的影响很大，促进胚芽早出土和幼苗生长是茶籽育苗技术的核心。

播种前，应对茶籽进行品质检验，以确定播种量。检验的标准为：首先，不能有果皮、空壳、霉籽、虫蛀籽、破裂茶籽和其他杂物；其次，茶籽大小、重量应符合国家规定，直径通常不小于1cm，种皮黑褐色有光泽，子叶肥大湿润，呈黄白色，茶籽的千粒重约为1kg；最后，茶籽含水量应在22%～38%，发芽率不低于75%。

1. 播种时间

茶籽采收当年的11月至次年的2月，均可进行播种。如果推迟到次年3月以后播种，会大大降低发芽率。

2. 浸种和催芽

茶籽在播种前进行浸种和催芽（特别是春播，最好进行浸种和催芽），有利于茶苗出土早、出苗齐、苗木健壮和成活率高。

（1）**茶籽浸种** 如果播种早，茶籽含水量高，浸种时茶籽容易下沉。下沉的种子可以取出播种，浮在水面的则继续浸泡，大约经过5天，仍不能下沉的茶籽则不适用于播种。如果播种迟，茶籽含水量往往较低，浸种刚开始很少下沉，约2～3天才逐渐下沉。连续浸种7天后，除去浮在上面不能用于播种的种子。浸种期间，每天应换水一次，顺便将下沉的茶籽取出播种。

（2）**茶籽催芽** 浸种后的优质茶籽，经过催芽后播种，一般可以提前30天左右出土。在"春分"至"谷雨"时，先将种子用温水浸泡一昼夜，捞出沉实的种子，以种子、湿沙各半的比例拌匀，选择背风向阳处堆积成高30cm、宽100cm的平底长堆，上层盖3cm厚的沙（图5-5）。然后用薄膜盖好，夜加苫子。也可放入室温保持在50℃左右的保温室内催芽，厚度掌握在15～20cm，催芽堆内温度为15℃～20℃，定时检查，每天注意换气和喷水，发现异常及时补救。催芽所需时间，春季为15～20天，冬季为20～25天。当有40%～50%的茶籽露出0.7～1cm长胚根时，便可分期播种。

图5-5 茶籽催芽示意图

3. 播种方法

茶籽含有较多脂肪，当种子萌发时，脂肪被水解转化为糖类，需要充足的氧气。同时茶籽子叶大，萌发时顶土能力弱。所以，播种时不宜盖土太厚，播种深度最好为3～5cm。但综合季节、气候、土壤变化等因素，冬播应比春播稍深，砂土应比黏土深，旱季也应适当深播。

茶籽播种分为大田直播和苗圃地育苗两种。大田直播，简便易行，但苗期管理工作量大，根据茶园规划的株行距直接播种，每穴播种3～5粒。苗圃地育苗，苗期管理集中，易于全苗、齐苗和壮苗，有穴播、撒播、单株条播、窄幅条播及宽幅条播等方式，其中穴播和窄幅条播在生产上应用较多。

一般穴播的穴距为10cm左右，行距为15～20cm。每穴播种子3～5粒，每公顷播种量1200～1500kg。窄幅条播的行距约为25cm，播幅5cm左右，每公顷播种量1500～1800kg。

播种时，先按播种深度挖好沟、穴，如果做苗畦时未施基肥可同时开沟施肥，沟深10cm，施肥后覆土至播种深度，然后按播种技术要求播下茶籽，覆土并适当压紧。

4. 幼苗培育

无论是大田直播，还是苗圃地育苗，播种后都要精心培育幼苗，达到壮苗、齐苗和全苗的目标。主要田间管理措施如下。

第一，中耕除草。及时除草，防止杂草与茶苗争夺肥水。第二，多次追肥。在茶籽胚芽出土至第一次生长休止时，开始追肥。一般在6～9月间，追施4～6次，以施用稀薄人粪尿或畜液肥（加水5～10倍），或用0.5%浓度的硫酸铵。浇施人粪尿后能使土壤"返潮"，吸收空气中湿气，可以抗旱保苗。第三，及时防治病虫害，确保茶树正常生长。

茶籽播种后，通常到5～6月份开始出土，7月份间齐苗。可以提前到4～5月份间出土，5～6月份间齐苗。只要经过精心培育，茶苗当年高度可达25cm以上，最高能超过60cm。

二、茶树无性繁殖

无性繁殖亦称营养繁殖,是利用茶树茎、叶、根、芽等营养器官或体细胞等繁殖后代。无性繁殖能够保持良种的特征特性,茶苗后代个体间性状整齐一致,但育苗用工多,成本大,茶苗适应性较差,对栽培管理要求较高。无性繁殖的繁殖方法主要有扦插、压条、分株、嫁接等。茶树扦插通常用一个叶片带一个节间,成为一个插穗,所以又称短穗扦插,是目前茶树良种无性繁殖的主要方法。茶树短穗扦插的成活率和出圃率,除了品种、自然条件等因素影响外,主要决定于扦插技术和管理措施。

(一)采穗母本园的建立

建立优质采穗母本园是培育和推广优质无性良种的基础。母本园应建立在土壤肥沃、结构良好、水源充足以及交通方便的地方。母本园的开垦、种植方式与采叶茶园没有多大差别,但对种苗纯度要求更高,必须达到100%,最好从品种选育单位调用原种苗。必要时可以选择品种纯度符合要求的青壮年采叶茶园,将其改造成采穗母本园。如果品种纯度达不到标准要求,则必须先进行提纯,将园中混杂的异种茶树挖出后再做母本园。主要技术管理措施如下。

1. 培肥管理

采穗母树由于每年要进行较重程度的修剪,又要剪走大量新生枝叶作为繁殖材料,养分消耗多。因此,必须加强培肥管理,尤其要重施基肥、增施磷钾肥,以保证充足的营养条件。新梢生长期间配合根外追肥,有利于进一步促进新梢的生长。可在上年冬前对母本园按每亩追施农家肥2500~5000kg,饼肥100~150kg,春前追施氮肥15~20kg。

2. 抗旱

夏季正值新梢生长季节，此时天气炎热、温度高、蒸发量大，母树易受旱热害，应及时做好抗旱工作。一般可通过及时灌溉和行间铺草等办法使土壤保持适宜的含水量。

3. 清除花果

茶树营养生长与生殖生长是一对矛盾。花果过多会消耗大量养分，从而削弱枝叶生长，影响穗条质量。因此，对采穗母树要及时清除花果。清除花果的方法主要有两种：一是人工摘除，剪穗时摘除穗条上的花蕾；二是喷施植物生长调节剂，如在茶树盛花期喷施乙烯利500～1000mg/L，可降低结果率30%～90%。

4. 病虫害防治

采穗母树长出的新梢肥嫩，易受病虫害，夏秋季留养的枝条更易发生病虫害。采穗母本园发生病虫害，不仅影响母树生长，更为严重的是会把病虫带入苗圃，影响茶苗生长。因此，要做好采穗母本园病虫预测预报，及时防治。

（二）采穗母树的培育

母树生长旺盛，有利于长出优质穗条，培育健壮的茶苗。供采穗母树应具有产量高、质量好、抗逆性强等茶树优良性状。为了使母树能提供大量优质的枝条，在采穗前，应加强对母树的培育管理。

1. 合理修剪

修剪具有刺激茶树潜伏芽萌发的作用，适度修剪可使新梢长势增强，长度和重量增加，新梢数目虽有减少，但符合扦插要求的有效枝条大大增加。修剪程度过轻或不修剪，新梢枝数虽多，但无效的细弱短枝多。所以，掌握适当的修剪程度是提高插穗质量和数量的关键措施之一。

采穗母树修剪的程度，因树龄、树势不同而异。对幼年茶树修剪按采叶茶园的定型修剪方式进行，3年足龄后可以剪插穗，4~5年生或壮龄母树距地面45cm左右重修剪。生长不良、树龄较大或衰老茶树不宜作为采穗母树，以免影响下一代植株活力。如将这些茶树作为母本园，所繁殖的幼苗往往开花结实早，易未老先衰。成龄茶园修剪时，最好能将一些细弱枝剪除，使茶园通风透光，养分也更为集中，以提高插穗质量。养穗母树修剪的时间应与扦插时间密切配合，供夏秋扦插采穗的壮龄茶树，可在春茶萌动前（惊蛰前后）进行；供次年春夏扦插采穗的老茶树，则可在春茶后进行。对于修剪或台刈后的母树，必须加强中耕除草、施肥、防治病虫害等管理措施。

2. 分期摘顶

插穗的成熟度与扦插成苗率关系密切。用于扦插的穗条要求长度25cm以上，茎粗3mm以上，2/3以上穗条已木质化或半木质化，呈红棕色或黄绿色。为了促进嫩茎木质化，提高穗条成熟度，应在剪枝前10~15天采去顶部一芽一叶或对夹叶。为了充分利用穗条，母树应分批摘顶，分批剪穗，这样可以提高枝条的产量和质量，也便于劳动力安排。

（三）扦插苗圃的建立

1. 苗圃地的选择

好的苗圃地可以提高茶苗扦插的成活率、茶苗质量和茶苗生长势。一般来说，地势平坦、土壤深厚肥沃、结构良好、呈酸性或微酸性的壤土、砂壤土较适合作为苗圃地。另外，还应具备向阳、不受风害、水源充足、交通便利等条件，以利于苗圃管理和苗木运输。

2. 苗圃的整理

分为深翻整地、苗畦整理、铺盖心土和搭遮阳棚。

（1）**深翻整地** 土地深翻耕可以改良土壤的理化性质，提高土壤肥力，消灭杂草和病虫害。新建苗圃地深翻分两次进行，第一次在前作收获后进行，翻耕深度要求30cm以上；第二次在做苗畦前进行，深度为15～20cm，把土块打碎，平整地面后即可做苗床。翻耕可与施基肥结合进行，一般每亩施以1500～2000kg腐熟的厩肥或150～200kg腐熟的茶饼肥。具体做法是：翻耕前将基肥均匀地撒在土面上，再翻耕，翻后打碎土壤，耙平地面。

（2）**苗畦整理** 苗畦的方向以东西向为好，以减少阳光从苗畦侧面射入。苗畦宽1.0～1.2m，长10～15m，高15～20cm。苗畦之间沟宽以40cm为宜。苗畦四周开设宽约40cm、深25～30cm的排水沟。

（3）**铺盖心土** 在短穗扦插育苗的苗畦上铺红壤或黄壤心土，可以提高育苗成活率。这层心土要求土质疏松，通气良好，pH值为4.0～5.5，最好在生荒地上挖取。为减少杂草种子和有害微生物对扦插茶苗的影响，先去除0～10cm表层土，挖出的心土需过筛，除去石块和粗根，铺在苗畦上的心土层厚5～6cm，稍加压后3cm，每亩需心土20m³。心土铺好后要用木板适当敲打，或用镇压器滚压，使心土层形成上紧下松，以利于插穗与心土紧密结合。

（4）**搭遮阳棚** 为避免阳光的强烈照射，要对扦插育苗进行遮阳，降低畦面风速，减少水分的蒸发，提高插穗的成活率。少数茶园遮阳方式是用铁芒萁等直接插在苗畦中，大多数茶区则搭建遮阳棚。目前，生产上应用较多的是平式矮棚和拱形中棚。

平式矮棚，每隔1.0～1.5m的距离在畦两侧插入一根长60～70cm的木桩，入土深度30～40cm，然后用小竹竿或竹片，把各个木桩顶部连成棚架，再将竹帘或草帘盖在上面。这种棚材料简单，管理方便。

拱形中棚，以1m宽的苗畦标准，用长度2.3～2.5m的竹竿隔1m插一根，竹竿两端插入畦的两侧，形成中高60～70cm的弧形，再将上、中、下部各支点用小竹竿或竹片连接，上部覆盖塑料薄膜和遮阳网。目前，这种棚架在春秋扦插中采用最多，可以有效遮阳、保温和保湿，土壤利用率高，省工省力。

（四）扦插技术

茶树短穗扦插技术包括扦插时间、插穗选择和剪取、扦插密度和扦插方法等。

1. 扦插时间

茶树短穗扦插分春插3～4月份（春分至清明），夏插6～7月份（夏至至大暑），秋插9～10月份（白露至寒露）。春插由于没有质量上乘的穗条并且气温较低，扦插成活率低。北方冬季温度低，气候干燥，成活率也不高，一般不采用冬插。夏插和早秋插，穗源多、枝条壮、气温较高，有利于愈伤组织的形成和发根，扦插苗成活率较高，长势也好。

2. 插穗选择与剪取

母树经打顶后10～15天即可剪取穗条。

（1）标准穗条　标准的穗条要求枝梢长度25cm以上，穗长3cm左右，带有一个正常、饱满的腋芽和一张成熟叶片，穗条茎粗3～5mm，2/3新梢木质化（图5-6）。

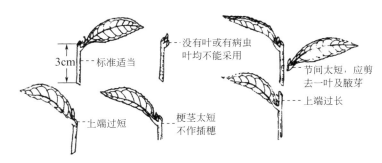

图5-6 茶树标准穗条示意图

一般按枝条的自然节距一节剪成一个穗。节间太长时，适当剪短；太短时以两个节剪成一个穗，并剪去中间的叶片。穗条和苗圃地充足的单位，最好剪成带有两张成熟叶片（两个腋芽）的插穗，并适当稀插，即采用两叶扦插法。由于营养丰富，能明显促进扦插茶苗的生长，出圃茶苗健壮，生长势强，移栽后形成壮苗园快，还可降低茶园种植密度。插穗以茎皮呈黄绿色和红棕色的半木质化枝条为好，柔软的梢和灰白色的老枝不宜作为插穗。

（2）**插穗剪取** 从母树上剪取枝条的时间以上午10时前或下午3时后为最佳时间。剪取时，要在母树上留下一片叶。剪下的枝条要存放在阴凉、湿润处，并及时剪成插穗进行扦插。剪穗的剪刀需锋利，以保持穗条两端的剪口平滑。穗条上端的剪口应离叶柄2～3mm，且斜面与叶片方向相同；下端剪口面应稍微倾斜，与上剪口面平行。如遇节间短的枝条，为了充分利用枝条，下端剪口可剪成平面。剪穗时随手将花蕾摘除，插穗应边剪边插，不要存放太久，以免影响成活率。

3. 扦插密度

实践证明，扦插密度的大小对扦插茶苗的产量和质量有重要影响。密度过小，土地利用率低，单位面积出苗量小；密度过大，扦插成活率下降，造成插穗浪费，影响茶苗质量。但适当密插，可以提高单位面积产苗量，降低生产成本。

扦插密度应根据叶片的大小来确定，以叶靠叶、互不重叠为准。一般中小叶种叶片较小，扦插密度可大些，采用行距8～10cm，株距2cm左右，每亩扦插20万～22万株（按实际扦插面积400m^{2}计）；大叶品种叶片较大，扦插密度应小些，一般行距为10～12cm，株距3～4cm，每亩扦插10万～13万株；双叶扦插法应适当稀插。

4. 扦插方法

扦插前必须检查苗床土壤的湿度，如果床面土壤干燥，应充分浇水，使扦插时的土壤呈"湿而不黏"的松软状态。因土壤过干会造成穗条损伤，也不利于穗条与泥土紧密结合，从而影响插穗成活率。一般天热的晴天以早晨浇水、下午扦插，或傍晚浇水、翌日上午扦插为宜。

扦插时，先按行距要求划线，然后用拇指和食指夹住插穗上端，按株距将其以稍斜或垂直方向轻轻插入土中，深度以叶柄与畦面平齐为宜；插穗叶片不能紧贴地面，以免叶片沾泥，阻塞气孔而脱落；插穗叶片的朝向应与常年主要风向一致，以减轻风害。扦插后，用手将插穗四周的泥土揿实。插完一定面积后，要洒一次水，并立即加盖遮阳物。如在高温烈日下扦插，要边插、边洒水、边遮阳，以防热害。

（五）扦插育苗管理

插穗扦插后的管理，是提高成苗率、出苗率和培育壮苗的关键。

1. 遮阳防护

插穗在无根或少根阶段，耐强光和高热的能力弱，只能在弱光下生长。适度遮阳具有调节光照和温度的功能，还能起到保湿和防止风害的作用。因此，穗条扦插后应立即遮阳，遮阳的程度以"见天不见日"为宜。遮阳的材料很多，有遮阳网、竹帘、禾草、铁芒萁等，可因地制宜灵活选用。选择遮阳网的遮阳度以80%左右为宜，将其覆盖在拱形棚架上，两边用泥或砖块压住。冬天不必揭开，能起到防风、保苗的作用。

冬季扦插的苗圃，最好采用薄膜加遮阳网的方法，即先将塑料薄膜覆盖在拱形棚架上，然后外覆一层遮阳网，四周用土压紧，使其密封不透气。这种方法的功效为：节省人工，不需经常浇水；增加冬季温度，促进茶苗生长；防止干旱和冰冻等。但需注意的是，遮阳前应一次性浇足水和喷药防病，当秋季气温超过25℃时，要及时揭开两端薄膜降温，以防止棚内温度过高而灼伤茶苗。

2. 浇水保湿

由于新陈代谢作用的进行，插穗在生根以前需消耗很多的水分，尤其是气温较高的时候。所以，苗圃每天上午、下午都要浇水，保持叶面和土壤湿润，增大苗圃的相对湿度，以防茶苗萎蔫和干枯死亡。待2~3个月后，插穗形成了完整的植株，吸水作用加强了，可改为一天一次或隔天浇水一次，每次浇水要达到畦上土壤全部湿润。浇水最好用喷水壶或喷水桶淋浇，不要泼水。在卷帘矮棚苗圃浇水时，可不必揭帘，直接将水浇在帘上。苗圃用水必须清洁，不能用泥浆水或污水，否则可能引起枝叶腐烂。

短穗生根出苗后，也可以在傍晚引水灌溉。灌水深度应低于畦面3.3cm，不能淹没，并在浸灌5~6h后及时排水。雨后也应及时排除沟内积水，防止内涝影响根系的生长。

3. 追施肥料

生根前，茶苗主要靠短穗自身的营养维持生长发育。短穗愈合发根后，就要及时追肥，为茶苗生长补充营养物质，否则茶苗生长瘦弱。对于春季扦插苗圃，为了能达到当年出圃的要求，更应加强追施肥料，促进茶树苗迅速健壮生长。

追肥的原则：量少次多，先稀后浓。第一次追肥通常应在扦插3个月后进行，每亩用腐熟的人粪尿200kg、过磷酸钙7.5kg，兑水1500kg，在行间均匀喷施。第二次追肥在扦插4个月后进行，每亩用硫酸铵或尿素2.5kg、过磷酸钙5kg；也可用人粪尿500kg、过磷酸钙5kg，兑水1000kg，在行间均匀喷施。第三次在扦插6个月后进行，每亩用人粪尿500kg，兑水1000kg，在行间均匀喷施。需要注意的是，每次追肥后应用清水淋洗茶苗，以避免茶苗被肥料烧伤。

4. 中耕除草

扦插苗圃经常浇水，易致土壤板结，杂草生长很快，与茶苗争水、争光、争肥，严重影响茶苗的生长。如果不及时中耕除草，不但后期费时费工，而且容易损伤茶苗。在一年内，中耕除草2～3次，深度1.7cm左右，不要伤害茶苗根系。中耕除草时，如果发现有根系外露的茶苗，应将根压入土内，并适当培土。

5. 病虫防治

因扦插苗圃长期遮阳及经常浇水，苗圃环境非常阴湿，易发生病虫害，常见叶部病害有云纹叶枯病、炭疽病等。春季嫩芽萌发后，还易受茶尺蠖、茶蚜等害虫的危害。为防治病害，扦插后7～10天喷施一次半量式波尔多液（每

100L水加0.3～0.35kg生石灰和0.6～0.7kg硫酸铜），入冬前再喷一次进行封园。成苗期可用托布津可湿性粉剂或多菌灵800～1000倍液，于发病时每隔7～10天喷施一次，能取得良好效果。虫害防治方法与生产茶园相同。

6. 越冬保苗

茶苗在冬季前未出圃应注意防冻保苗。冬前摘心，抑制新梢继续生长，促进成熟，使茶苗本身的抗寒能力得到增强。采用盖草、覆盖塑料薄膜、留遮阳棚、在寒风来临方向设置风障等遮挡措施保温，或以霜前灌水、熏烟、行间铺草等方法增加土温与气温。目前，生产上广泛采用塑料薄膜加遮阳网双层覆盖，可以控制微域生态条件，使苗床的气温和土温得到有效提高，既促进发根，又防寒保苗。

7. 适时揭膜

采用薄膜覆盖越冬的，春天气温回升后，要适时揭膜，有利于提高茶苗成活率、出圃率。揭膜过早，如遇"倒春寒"，会造成茶苗受冻；揭膜过迟，则茶苗细弱，如遇中午前后温度过高，还会造成茶苗灼伤，甚至死亡。揭膜前要先"炼苗"，具体做法是：在4月上旬前后，先打开拱棚或矮棚两头通风，2～3天后，白天揭开向阳的半边，晚上再盖上，再经3～5天后，将膜全部揭去。

（六）茶苗出圃与运输

1. 茶苗出圃标准

茶苗出圃的标准，因品种、气候和地区的不同有一定的差异。《茶树种苗》（GB 11767—2003）国家标准规定：对于无性系中小叶品种，要求苗高至少20cm，茎粗2.0mm以上，根系有2～3个分枝；大叶品种苗高25cm，茎粗2.5mm以上，根系有2～3个分枝。苗木品质的检验主要看茎粗和根系状况，而不是苗高。健壮的茶苗，根系发达，主干较粗，移栽成活率较高（图5-7）。

图5-7　无性系健壮茶树苗

2. 茶苗出圃

茶园达到出圃标准后，一般以春、秋两季出圃移栽。起苗时，苗圃土壤必须湿润疏松。如苗圃土壤干燥，应在起苗前一天灌溉。土壤过干，起苗会伤害大量的根系，特别是吸收根，不利于移栽后茶苗成活。起苗最好在阴天或晴天早晚进行，根系多带土。起苗后剔出不合格苗，或将过小的茶苗继续留在苗圃地内，待其长大后再起苗，或将小苗归并移植。茶苗出圃时间应与移栽时间相吻合，尽量缩短出苗至移栽的时间。

3. 茶苗运输

茶苗外运，途中需2天以上的必须包装。将茶苗每100株成一束，用黄泥浆蘸根，然后用稻草包裹根部，不能使茶苗根系外露，每5～10束捆成大捆。

起运前用水喷湿根部，保持湿润。如长途运输，最好用竹篓或篾篓等装载。远途运输时，茶苗不要互相压得太紧，应注意通气，以免闷热脱叶，防止日晒风吹。茶苗运抵目的地后，应立即移栽，无法及时移栽的应假植。假植应选择避风向阳、土壤疏松肥沃的地方，沟深25～30cm，一侧的沟壁倾斜度较大，将茶苗斜放在沟中，然后用土填沟踏实，并浇水。覆土的深度以占全株茶苗的一半或盖至根茎部上方4～5cm处为宜。茶苗排放的密度，根据苗木的数量、苗体大小及假植的时间而定，一般5～6株茶苗为一小束。假植时间不宜过长，以提高移栽茶苗的成活率。

第四节
海青茶树提纯复壮

茶树经多年种植就会出现品种混杂、变劣的情况，导致茶树显著减产、品质退化、抗性降低，有的甚至完全丧失其利用价值。因此，做好茶树品种的提纯复壮意义重大。

一、茶树提纯复壮的含义

采用适当的选种措施，结合除杂去劣，选择保留符合茶树本品种原有典型性状的单株，并采用良好的栽培方法逐步扩大繁殖其种子或苗木，用以替换已混杂退化的种子或苗木，使退化的品种恢复其原来的生产能力、优良品质和抗逆性水平。

提纯，就是让茶树品种的血缘浓缩在一起。复壮，就是在近亲品种繁殖过程中，针对品种后代出现体质下降的现象，通过杂交或提纯使得品种的体质获得恢复的过程。提纯是复壮的一种手段，提纯的同时复壮工作也在进行，两者又是互为一体的。通过提纯复壮可以使茶树品种的年龄变得更加年轻，体质变得更加强壮。

二、茶树提纯复壮的技术

1. 提纯技术

防杂保纯是提纯的主要技术措施。种子混杂是品种退化的主要原因之一，预防混杂是保证种子纯度、延缓品种过快退化的最好方法。为了达到这一目的，茶树种子繁殖田要种植同一个品种，避免由花粉串粉造成的混杂。茶树种子繁殖田要尽量连片，周围没有其他品种，特别是原种繁殖时更应强调这一点。在茶树种子收获、晾晒、运输、贮藏等各个环节，都要注意防止人为造成的混杂。

2. 复壮技术

"选优提纯"是复壮技术之一。茶树在进行繁殖演变的过程中，会出现一些质量优异、性状良好的植株，把这些植株选择出来，培育成母树，再从母树上剪取苗穗进行扦插繁殖或压条繁殖。这种嫁接方法既操作简便易行，又能快速在茶区进行推广。

嫁接也是有效的复壮技术之一。用芽接的办法，把纯度高的芽穗嫁接到生长势良好的茶树基秆上。嫁接成活的茶树，不仅保留着优质状态，还保持了枝条的旺盛长势。实践证明，进行茶树嫁接是可以复壮的。这种嫁接办法简单易行，对茶树的损伤小，可以用来快速更换茶园里的茶树品种。

三、海青茶树提纯复壮流程

海青茶树提纯复壮流程见图5-8。

图5-8 海青茶树提纯复壮流程

第五节

海青茶区主要良种介绍

自20世纪60年代"南茶北引"以来，海青茶树种植历经引种、试验、示范和推广，已筛选出一些适宜海青茶区栽培的茶树良种。

一、鸠坑种

国家认定的有性系品种,原产于浙江省淳安县鸠坑乡。鸠坑种属于灌木型,中叶类,中芽种。

主要特征:植株大小中等,树姿半开张,分枝较密。属中芽种,春季萌发期早,4月上旬发芽,4月中旬采摘;育芽能力强,发芽密度大,全年可发芽4轮;芽叶肥壮,深绿色,多茸毛,百芽重40.5g;抗旱、抗寒性强,结实率高,适应性强,适制绿茶,色泽翠绿,产量高。

适宜于江南和江北绿茶区种植。分布在浙江茶区和湖南、江苏、安徽、云南、四川、甘肃、湖北等主要产茶省,马里、几内亚、阿尔及利亚等国都有引种。"南茶北引"初期引入海青茶区,是海青茶区发展新茶园的当家品种。

二、黄山种

国家认定的有性系品种,原产于安徽省黄山歙县一带。黄山种属于灌木型,中叶类,中芽种。

主要特征:植株无明显主干,树姿开张,分枝密度中等。属中芽种,4月中旬发芽,4月下旬采摘;发芽较密,育芽力强,持嫩性好;卷背,多茸毛,芽叶绿色,叶质厚软,百芽重50g;结实率高,抗逆性强,尤其是抗寒力特强,产量高。适制卷曲形毛峰类茶,成品绿茶"条索紧结,白毫显露,色泽翠绿,香气清鲜持久,滋味厚醇浓郁"。

黄山种抗寒性、适应性强。适宜于长江南北茶区和寒冷茶区种植,是海青茶区"南茶北引"引种的主要品种之一。

三、祁门种

国家认定的有性系品种,原产于安徽省祁门县。又名祁门楮叶种,属于灌木型，中叶类，中芽种。

主要特征：植株无明显主干，树姿半开张，分枝密度中等。属中芽种，3月下旬萌发，4月中旬采摘；育芽力强，茸毛中等，持嫩性强，百芽重48.8g；芽叶黄绿色，结实力强，产量较高；抗逆性强，尤抗寒，适应性强，易栽培。

祁门种是绿茶、红茶兼制品种。制成绿茶，色泽润，香气高，味鲜醇，品质优良；制成红茶，条索紧细苗秀，色泽乌润，滋味醇厚甜润，回味隽厚，具有果香或似花香的独特香气（俗称祁门香），是中国十大名茶"祁门红茶"的当家品种。适宜红茶区、绿茶区推广应用，也属于海青茶区主栽品种之一。

四、龙井43

国家级认定无性系茶树品种，由中国农科院茶叶研究所从龙井群体种中采用系统选育法育成。龙井43属于灌木型，中叶类，特早芽种。全国绿茶产区均有较大面积种植。

主要特征：植株中等，树姿半开张，分枝密。叶片呈上斜状着生，椭圆形，叶色深绿，叶面平，叶身平稍有内折，叶缘微波，叶尖渐尖，叶齿密浅，叶质中等。芽叶生育力强，发芽整齐，耐采摘，持嫩性较差，芽叶纤细，绿稍黄色，春梢基部有一点淡红，茸毛少，一芽三叶百芽重31.6g。春茶一芽二叶含茶多酚15.3%、氨基酸4.4%、咖啡碱2.8%、水浸出物51.3%。适制绿茶，尤其适制扁形绿茶，外形扁平光滑，色泽嫩绿，香气清高，滋味甘醇爽口，汤色清绿明亮，叶底嫩黄成朵，品质优良。抗寒性强，抗高温和炭疽病较弱。

栽培要点：适宜单行或双行条栽规格种植，需分批及时嫩采，春梢需预防"倒春寒"危害,夏季防止高温灼伤。

五、龙井长叶

国家级认定无性系茶树品种,由中国农科院茶叶研究所从龙井群体种中采用系统育种法育成。龙井长叶属于灌木型,中叶类,早芽种。全国绿茶区均有引种。

主要特征:植株中等,树姿直立,分枝密。叶片呈水平状着生,长椭圆形,叶色绿,叶微隆起,叶身平,叶缘波,叶尖渐钝尖,叶齿较细密,叶质中等。春季萌发期中等,芽叶生育力强,持嫩性强,淡绿色,茸毛中等,一芽三叶百芽重71.5g。茶一芽二叶含茶多酚10.7%、氨基酸5.8%、咖啡碱2.4%、水浸出物51.1%。产量高,适制绿茶,特别是龙井型等扁平名优绿茶,香气清高有兰花香,滋味鲜爽,品质上乘。抗寒、抗旱性均强,适应性强。

六、中茶108

由中国农科院茶叶研究所通过对母体龙井43号辐射诱变后代经过单株选择无性繁殖方法选育而成。中茶108属灌木型,中叶类,特早芽种。

主要特征:植株中等,树姿半开张,分枝较密。叶片呈长椭圆形,叶色绿,叶面微隆,叶身平,叶基楔形,叶尖渐尖。芽叶黄绿色,茸毛较少。发芽特早,比龙井43早3~5天,且持嫩性较强;发芽密度比龙井43低,产量也比龙井43低;抗寒性、抗旱性、抗病性均较强,尤其抗炭疽病。氨基酸含量为4.2%,茶多酚含量为23.9%,咖啡碱含量为4.2%。适制绿茶,制成"明前龙井",色泽绿翠,香气清高,滋味清爽鲜,品质优。

栽培要点:适宜单行双株条栽规格种植,按时进行定型修剪和摘顶养蓬。

七、福鼎大白茶

国家级认定无性系茶树品种，原产于福建省福鼎市柏柳村。又名福鼎白毫，属小乔木型，中叶类，早芽种。适宜在全国绿茶区、红茶区和白茶区栽培。

主要特征：植株较大，树姿半开张，分枝部位高，密度中等。越冬芽萌发期在4月上旬；芽叶肥壮，茸毛多，嫩梢绿稍黄；育芽力强，全年可采摘4轮，持嫩性好，一芽三叶百芽重63g，4月中旬一芽三叶盛期；生长期长，抗逆性强，扦插成活率高。春茶一芽二叶鲜叶含氨基酸4.27%，茶多酚25.71%，咖啡碱4.38%，儿茶素总量113.85mg/g。适制白茶、绿茶、红茶。制成白茶，白毫满披，香气清鲜，滋味醇和。制成绿茶，色泽翠绿，茶毫显露，有栗香，品质优。制成红茶，条索紧细显毫，香气高锐，汤红味纯，品质佳。

栽培要点：土层深厚、土质肥沃，适当增施夏秋肥，注意抗旱，分批勤采。

八、迎霜

国家级认定无性系茶树品种，由浙江省杭州市茶叶科学研究所从福鼎大白茶和云南大叶种的自然杂交后代中采用系统选育法育成。迎霜属小乔木型，中叶类，早芽种。

主要特征：植株大小中等，树姿直立，分枝密度中等，分枝部位较高。叶黄绿色，叶质柔软，生长期长，在杭州茶区霜降季节尚有芽叶可采，故名"迎霜"。发芽齐密，芽色鲜绿，芽叶壮，百芽重45g，茸毛多，产量高，持嫩性强；无性繁殖力强，扦插易成活，但对芽枯病抗性较弱。春夏秋茶一芽二叶鲜叶平均含氨基酸2.54%，茶多酚30.52%，咖啡碱3.97%，儿茶素总量

157.54mg/g。红茶、绿茶兼制品种。春季制成绿茶，条索紧，色绿润，香高持久，味甘鲜浓。夏、秋季制成红茶，外形乌润细紧，内质香高，味纯浓鲜，汤色红亮。

栽培要点：注意适当密植，注重定型修剪，增施夏秋肥，及时防治病虫害。

九、北茶36

国家级认定无性系茶树品种，由青岛职业技术学院茶叶研究所在青岛西海岸新区海青茶区采用系统育种方法单株选育而成。北茶36属灌木型，中叶种（图5-9）。于2019年10月31日获农业农村部品种登记，登记号：GPD茶树（2019）370035。植物新品种授权编号：20150859.1。

图5-9　北茶36

主要特征：树姿半开张，枝条无"之"字形。叶片为长椭圆形，新梢一芽一叶，始期早，一芽二叶期第二叶颜色黄绿，茸毛特多，叶片着生姿态稍向上。叶肉厚实，芽叶柔软、肥硕，白毫显。发芽多、发芽早，芽叶绿润，嫩度好。茶树种性优良，产量与国家标准品种福鼎大白相当。据农业农村部茶叶质量检验监督测试中心对春茶烘青样测试：茶多酚19.1%，氨基酸3.9%，咖啡碱3.28%，水浸出物43%。适制作绿茶、红茶、乌龙茶、白茶等。制成绿茶，肥嫩绿润显毫毛，汤色浅亮有绿影，香气馥郁清花香，滋味清鲜有花味，叶底嫩黄又明亮，品质优。

该品种适宜山东及高寒茶区种植，种植方式双行单株或单行双株。

十、东方紫婵

国家级认定无性系茶树品种，由青岛职业技术学院与青岛东方紫婵茶叶研究所联合选育，在青岛中山公园"南茶北引"原址茶园采籽播种，经过系统育种方法培育而成的一种紫茎、紫叶、紫芽茶树，命名为"东方紫婵"（图5-10）。该品种于2020年获得农业农村部茶树新品种登记，登记号：GPD茶树（2020）37001，成为中国江北茶区首个珍稀紫茶品种。东方紫婵属灌木型，中叶种。

图5-10 东方紫婵

主要特征："东方紫婵"茶树芽叶具有花青素含量高的特点。经南京农业大学茶叶研究所测试，该品种茶树芽叶花青素含量是常规茶树芽叶花青素含量的30～50倍。制作绿茶，香气清香有药味，滋味醇厚，特色鲜明，风味独特。东方紫婵茶性清新甘醇，四季皆宜，尤其在养生方面有着清除自由基和调节脂类代谢等改善亚健康的特殊功效。

第六章
海青茶全产业链标准综合体

农产品地理标志　海青茶

第一节
农业标准化

一、农业标准化概念

农业标准化是指农业生产操作技术标准化、农产品质量标准化,以及农产品加工、贮存、销售标准化的总称。其内涵是指农业生产经营活动要以市场为导向,建立健全规范化的工艺流程和衡量标准。

它是以农业为对象开展的标准活动,即运用"统一、简化、协调、选优"原则,通过制定和实施标准,把农业产前、产中、产后各个环节纳入标准生产和标准管理的轨道。它通过把先进的科学技术和成熟的经验组装成农业标准,推广应用到农业生产和经营活动中,把科技成果转化为现实的生产力,从而取得经济、社会和生态的最佳效益,达到高产、优质、高效的目的。其核心内容是建立一整套质量标准和生产操作规程,建立监督检测体系,建立市场准入制度,使农产品有标生产、有标上市、有标流通。简单地讲,就是要按照国际、国家、行业和地方制定的农产品质量标准、产地环境标准和生产技术规程进行农产品生产。它融先进的技术、经济、管理于一体,使农业发展科学化、系统化,是实施科技兴农、绿色发展、农业农村供给侧战略性结构调整和农业高质量发展的载体和基础,也是农业现代化建设的一项重要内容。

二、农业标准化体系

农业标准化体系包括农业生产标准体系、农业质量监督检测体系和农业质量评价认证体系。

1. 农业生产标准体系

农业生产标准体系是指围绕农、林、牧、副、渔各业，制定的以国家标准为基础，行业标准、地方标准、团体标准和企业标准相配套的产前、产中、产后全过程系列标准的总和。

2015年，国务院印发的《深化标准化工作改革方案》指出，标准化在保障产品质量安全、促进产业转型升级和经济提质增效、服务外交外贸等方面起着越来越重要的作用。但是，从我国经济社会发展日益增长的需求来看，现行标准体系和标准化管理体制已不能适应社会主义市场经济发展的需要，甚至在一定程度上影响了经济社会发展。通过改革，把政府单一供给的现行标准体系，转变为由政府主导制定的标准和市场自主制定的标准共同构成的新型标准体系。政府主导制定的标准由6类整合精简为4类，分别是强制性国家标准和推荐性国家标准、推荐性行业标准、推荐性地方标准。强制性标准必须执行，国家鼓励采用推荐性标准。市场自主制定的标准分为团体标准和企业标准。政府主导制定的标准侧重于保基本，市场自主制定的标准侧重于提高竞争力。

（1）**国家标准** 是指对全国经济技术发展有重大意义，必须在全国范围内统一的标准。国家标准由国家市场监督管理总局编制计划和组织草拟，并统一审批、编号和发布。国家标准代号为"GB"和"GB/T"，其含义分别为强制性国家标准和推荐性国家标准。为适应某些领域标准快速发展和快速变化的需要，于1998年规定在四级标准之外，增加一种"国家标准化指导性技术文件"，作为对国家标准的补充，其代号为"GB/Z"。指导性技术文件仅供使用者参考。

（2）行业标准　是指全国性的各行业范围内统一标准。《中华人民共和国标准化法》规定："对没有推荐性国家标准、需要在全国某个行业范围内统一技术要求，可以制定行业标准。"行业标准是对国家标准的补充，行业标准在相应国家标准实施后自行废止。农业行业标准由农业农村部组织制定。农业推荐性行业标准代号为"NY/T"。

（3）地方标准　是指在某个省、自治区、直辖市范围内需要统一的标准。对没有国家标准和行业标准，而又需要在省、自治区、直辖市范围内制定统一的技术和管理要求，可以制定地方标准。地方标准由省、自治区、直辖市政府标准化行政主管部门统一组织制定、审批、编号和发布。地方标准不得与国家标准、行业标准相抵触。在相应的国家标准或行业标准实施后，地方标准自行废止。山东省推荐性地方标准代号为"DB37/T"。

（4）团体标准　就是依法成立的学会、协会、商会、联合会、产业技术联盟等社会团体协调相关市场主体共同制定满足市场和创新需要的团体标准，由本团体成员约定采用或者按照本团体的规定供社会自愿采用。国务院标准化行政主管部门会同国务院有关行政主管部门对团体标准的制定进行规范、引导和监督。团体标准编号依次由团体标准代号、社会团体代号、团体标准顺序号和年代号组成。如"T/CAI 145—2021"，表示由中国农业国际合作促进会2021年10月发布的《农产品地理标志 海青茶》团体标准。

（5）企业标准　是在企业范围内需要协调、统一的技术要求、管理要求和工作要求所制定的标准，是企业组织生产、经营活动的依据。企业标准由企业自行制定。依照《中华人民共和国标准化法》第十九条、第二十一条规定：企业可以根据需要自行制定企业标准，或者与其他企业联合制定企业标准。国家鼓励社会团体、企业制定高于推荐性标准相关技术要求的团体标准、企业标准。

第六章 海青茶全产业链标准综合体

国家标准、行业标准、地方标准、团体标准和企业标准之间的关系：对需要在全国范围内统一的技术要求，应当制定国家标准；对没有国家标准而又需要在全国某个行业内统一的技术要求，可以制定行业标准；对没有国家标准和行业标准而又需要在省、自治区、直辖市范围内统一的技术要求，可以制定地方标准；企业生产的产品没有国家标准和行业标准的，应当制定企业标准和企业联盟共同应用的团体标准。国家鼓励企业制订高于国家标准的企业标准和团体标准。

2. 农业质量监督检测体系

农业质量监督检测体系是指为完成农产品质量各个方面、各个环节的监督检验所需要的政策、法规、管理、机构、人员、技术、设施等要素的综合。它不但是农产品质量的基础保障体系，也是依据国家法律法规对产地环境、农业投入品和农产品质量进行依法监督的执法体系。除必要的政策法规和管理制度外，农业质量监督检验测试机构是这个体系的主体。

从广义上讲，农业质量监督检测体系的建设内容应包括，建立健全相应的农业质量法律法规、可以依据的健全的农业标准体系以及完善的可以承担全部检验检测任务的质量检测机构。

3. 农业质量评价认证体系

农产品质量标准是衡量农产品品质优劣、确保农产品食品安全的唯一标准，只有制定并严格执行的农产品质量标准，才能确保农产品的食品安全。如何判断农产品的质量优劣？主要是通过农产品质量评价和认证来完成。

质量认证是指第三方依据程序对产品、过程或服务符合规定标准要求的，给予科学、规范、正规的书面证明（合格证书）。质量认证的对象是产品和质量体系（过程或服务），前者称产品认证，后者称体系认证。对取得质量认证资格的，认证机构向企业颁发认证证书和认证标志。

农业质量认证体系也包括质量保证体系认证和农产品质量认证。体系认证目前主要有GMP（良好操作规范）、HACCP（危害分析与关键控制点）、ISO9000系列标准（质量管理和质量保证体系系列标准）、ISO14000系列标准（环境管理和环境保证体系系列标准）等质量体系的认证。

农产品质量认证主要有无公害农产品、绿色食品、有机食品和农产品地理标志认证。

第二节
海青茶标准综合体

标准综合体是综合标准化对象及其相关要素，以整体效益最佳为目标，按其内在联系或功能要求形成的相关指标协调优化、相互配合的成套标准体系。

农业标准综合体是以农业产业聚集为主导，农业产业园区向现代农业、农业深加工、农业庄园、农业旅游、农业会展、复合农业等拓展和延伸，从而形成一个多功能、高效率、全产业链标准化综合体系。

一、海青茶标准综合文本

目前，海青茶生产相关标准文件有产品标准、产地环境标准、种植技术标准、茶叶加工标准、种苗标准、包装标准、植物保护类标准、质量标准、质量追溯标准、检测方法类标准等多项。诸多的标准文件，上至国家标准、行业标准，下至地方标准，均为分段制定，相互之间有脱节，没有形成串式链条标准。另外，这些标准文件大多属于种植、加工环节，没有达到产前、产中、产后闭环，更没有实现一、二、三产业链标准融合。

为建立海青茶产前产地环境、产中园区建设、田间管理及生产加工、产后包装标识、产品追溯及合格证等规范性标准，编制颁布了《农产品地理标志 海青茶》和《海青茶种植技术规程》团体标准，为地理标志农产品海青茶综合规范标准文本。内容涵盖海青茶苗木、生产、加工、分级、包装、运输、贮藏、销售等全产业链，创新海青茶全过程管控技术，满足海青茶业高品质发展的需求。

二、海青茶地理标志团体标准

1. 农产品地理标志 海青茶（T/CAI 145—2021）

1 范围

本文件规定了海青茶的术语和定义、农产品地理标志保护范围、要求、试验方法、检验规则、标志、包装、运输和贮存。

本文件适用于农产品地理标志海青茶产品。

2 规范性引用文件

下列文件中的内容通过文中的规范性引用而构成本文件必不可少的条款。其中，注日期的引用文件，仅该日期对应的版本适用于本文件；不注日期的引用文件，其最新版本（包括所有的修改单）适用于本文件。

GB/T 191　包装储运图示标志

GB 2762　食品安全国家标准 食品中污染物限量

GB 2763　食品安全国家标准 食品中农药最大残留限量

GB 7718　食品安全国家标准 预包装食品标签通则

GB/T 8302　茶 取样

GB/T 8303　茶 磨碎试样的制备及其干物质含量测定

GB/T 8304　茶 水分测定

GB/T 8305　茶 水浸出物测定

GB/T 8306　茶 总灰分测定

GB/T 8310　茶 粗纤维测定

GB/T 8311　茶 粉末和碎茶含量测定

GB/T 23776　茶叶感官审评方法

GB/T 30375　茶叶贮存

GH/T 1070　茶叶包装通则

JJF 1070　定量包装商品净含量计量检验规则

定量包装商品计量监督管理办法　国家质量监督检验检疫总局令〔2005〕第75号

3　术语和定义

下列术语和定义适用于本文件。

海青茶 Haiqing Tea

产自农产品地理标志范围内的茶树鲜叶，经加工而成并符合本文件规定要求的绿茶类茶叶。

4　地理标志产品保护范围

海青茶农产品地理标志地域保护范围包括青岛市黄岛区的海青镇后河西村、后河东村、董家洼村、东蔡家村、鸿雁沟村等64个行政村，东到宋家岭村，西到小岭村，南到修七元村，北到后河东村。地理坐标为北纬35°35′~36°08′，东经119°31′~119°37′。

5 自然条件

5.1 地理及气候特点

海青茶树种植区域主要分布在海青北部山区及南部丘陵地带，主要集中在背风向阳的半山坡和丘陵平地等宜茶地块，土壤类型具备高产土壤的肥力基础，土质均为以花岗岩为母质的沙质土、黄棕壤，偏酸性。茶园区域未受污染，环境质量达一级标准。属典型暖温带半湿润大陆性季风气候，茶区云雾缭绕，生产气候条件独特，年平均气温12.3℃，年平均降水量为803.1mm，相对湿度82%。

5.2 水质条件

位于黄海之滨、胶州湾畔。主要河流为潮河与甜水河，同时连接大小支流30多条支流，构成水道网。小型水库1座，小型水库10座，大小塘坝85座，水资源丰富。现有工程可用水量1365万m³，地下水可用量393.89万m³。

6 要求

6.1 茶树品种

选用当地选育及驯化的优良茶树品种。

6.2 栽培

应符合T/CAI 144的要求。

6.3 原料要求

茶树保持芽叶完整、新鲜、匀净，符合海青茶等级及茶类要求。

6.4 加工流程

摊青→杀青→做形→干燥。

6.5 质量要求

6.5.1 感官要求

外形硕壮重实,色泽墨绿;香气栗香浓郁;汤色黄绿明亮;滋味醇厚鲜爽;叶底绿亮。

6.5.2 理化指标

理化指标应符合表6-1的要求。

表6-1 海青茶理化指标

项目		指标
水分(质量分数)/%	≤	6.0
总灰分(质量分数)/%	≤	6.0
碎末茶(质量分数)/%	≤	5.0
水浸出物(质量分数)/%	≤	42.0
粗纤维 /%	≤	13.0

6.6 卫生指标

6.6.1 污染物限量指标

应符合GB 2762的要求。

6.6.2 农药残留限量指标

应符合GB 2763的要求。

7 净含量

应符合《定量包装商品计量监督管理办法》的规定。

8 检验方法

8.1 取样

按GB/T 8302的规定执行。

8.2 感官指标

检验按GB/T 23776规定执行。

8.3 试样制备

按GB/T 8303的规定执行。

8.4 水分检验

按GB/T 8304的规定执行。

8.5 总灰分

检验按GB/T 8306的规定执行。

8.6 碎末茶

检验按GB/T 8311的规定执行。

8.7 水浸出物

检验按GB/T 8305的规定执行。

8.8 粗纤维

按GB/T 8310的规定执行。

8.9 污染物限量

检验按GB 2762的规定执行。

8.10 农药残留限量

检验按GB 2763的规定执行。

8.11 净含量

检验按JJF 1070规定的检验方法执行。

9 检验规则

9.1 取样

取样以"批"为单位，同一批投料生产、同一条生产线、同一班次加工过程中形成的独立数量的产品为一个批次，同批产品的品质和规格一致。取样按GB/T 8302的规定执行。

9.2 检验

9.2.1 出厂检验

每批产品均应做出厂检验,经检验合格签发合格证后,方可出厂。出厂检验项目为感官品质、水分、碎末茶和净含量。

9.2.2 型式检验

型式检验项目为第5章要求中的全部项目,检验周期为每年一次。有下列情况之一时,应对产品质量进行型式检验:

a) 如原料有较大改变,可能影响产品质量时;

b) 生产地址、生产设备或加工工艺发生较大变化,可能影响茶叶产品质量时;

c) 停产一年以上恢复生产时;

d) 国家法定质量监督机构提出型式检验要求时。

9.3 判定规则

9.3.1 检验项目结果全部符合本文件要求时,该批产品判定为合格。

9.3.2 安全指标中有一项及以上不合格,判定为不合格。

9.3.3 检验结果中除安全指标外有一项及以上不符合本文件要求时,使用备样对不合格项进行复检(安全指标不合格不得复检),复检结果符合本文件要求时,该批产品判定为合格;如复检结果仍不符合本文件要求,则判定该批产品为不合格。

9.3.4 复检

对检验结果有争议时,应对留存样或在同批产品中重新按GB/T 8302规定加倍取样,对不合格项进行复检,以复检结果为准。

10 标签标志

产品的标签应符合GB 7718的规定。产品的包装储运图示标志应符合GB/

T 191 的规定。符合条件的单位和个人可以申请使用海青茶农产品地理标志。

11 包装、运输、贮存和保质期

11.1 包装

产品包装应符合 GH/T 1070 的规定。

11.2 运输

11.2.1 产品运输应防雨、防潮、防曝晒，严禁与有毒、有害、有异气味、易污染的物品混装、混运。

11.2.2 运输工具应清洁、干燥、无异味、无污染。

11.3 贮存

产品贮存应符合 GB/T30375 的规定。

11.4 保质期

符合本文件规定的贮存条件并未启封的情况下，保质期为 18 个月。

2. 海青茶种植技术规程（T/CAI 144—2021）

1 范围

本文件规定了海青茶的术语和定义、茶园建设、茶园管理。

本文件适用于农业农村部根据《农产品地理标志管理办法》批准保护的海青茶的种植。

2 规范性引用文件

下列文件中的内容通过文中的规范性引用而构成本文件必不可少的条款。其中，注日期的引用文件，仅该日期对应的版本适用于本文件；不注日期的引用文件，其最新版本（包括所有的修改单）适用于本文件。

GB/T 8321 农药合理使用准则

GB 11767 茶树种苗

NY/T 1276 农药安全使用规范 总则

NY/T 5010 无公害农产品 种植业产地环境条件

NY/T 5018 茶叶生产技术规程

3 术语和定义

下列术语和定义适用于本文件。

海青茶 Haiqing Tea

产自海青茶地理标志农产品保护地域范围内，根据本规程进行种植生产的茶叶。

4 茶园建设

4.1 茶园环境

茶园环境应符合NY/T5010的要求。

4.2 新建茶园

4.2.1 园地选择与规划

园地选择、规划应符合NY/T5018的要求。

4.2.2 园地整理与施肥

4.2.2.1 茶园深翻80cm以上，做到地面平整。

4.2.2.2 根据种植规格，按定好大行距挖宽50cm～60cm、深度60cm的种植沟，把底肥施在30cm～50cm处，把肥料和生土搅拌均匀，按出土顺序回填，整平，灌水沉实。

4.2.2.3 待土壤湿度适宜时，整区畦，畦埂与畦面保持10cm的高差，畦面整平。

4.3 品种

4.3.1 无性系苗木

选用龙井43、福鼎大白茶、龙井长叶、中茶108等具有一定抗寒性，适宜海青茶地理标志农产品保护地域范围种植的优良茶树品种苗木。无性系苗木质量应符合GB 11767中的规定。

4.3.2 种子

选用鸠坑种、黄山种、福鼎大白种、祁门种等具有良好农艺性状，适宜海青茶地理标志农产品保护地域范围种植的优良茶树品种种子。种子质量要求粒径均匀、饱满重实、无虫霉、新鲜。

4.4 种苗种植

4.4.1 种植规格

4.4.1.1 双行种植

大行距130cm～150cm，小行距30cm～35cm，丛距30cm，每丛栽苗2株～3株或定苗3株～4株，呈"品"字形排列。

4.4.1.2 单行种植

行距120cm～150cm，丛距30cm，每丛栽苗或定苗3株。

4.4.2 种植时间

栽苗在3月中下旬无冻土后为宜，种子直播可提前3～5天，也可在7、8月移栽。

4.4.3 种植方式

4.4.3.1 种子直播

根据种植规格，按定好的行株距扒播种穴，穴的直径10cm、深3cm。穴内先浇足水，待水下渗后每穴均匀分播5～8粒茶种，覆土3cm左右，覆盖地膜（如不覆地膜，覆土深度适当加厚或采取其他措施以利保墒）。齐苗后一个月左右，每丛定3～4株健壮苗。

4.4.3.2 茶苗栽种

根据种植规格开沟，栽植好后在离地15cm左右处进行定剪，浇足定根水并及时遮阴、铺草。

4.4.4 茶园生态建设

4.4.4.1 茶园配置防护林和行道树，茶园内不适合种茶的空地应植树造林，道路、沟渠两边种植行道树。道路绿化、坡壁绿化、边角闲地美化环境。

4.4.4.2 结合自然生态植物群落分布，配置合理的树木花草，需选择无毒、无特殊气味的绿化植物，可种植桂花树、玉兰树、杜仲、银杏、常绿果树等。重视茶园病虫草害天敌等生物及其栖息地的保护，增进生物多样性。

4.4.4.3 茶园配置树种，应根据基地自然环境条件而定，常绿和落叶小乔木等混交种植，一般每亩灌木或小乔木分别种植，灌木树种8～10株/亩，小乔木树种10～15株/亩。茶园树木不能影响生产作业。

5 茶园管理

5.1 土壤管理

5.1.1 耕锄除草

分别于春茶前后、夏茶后进行茶园浅耕各1次，深度5cm～10cm，以疏松土壤，增强土壤通透性。于"白露"前后进行茶园深耕，深度15cm～20cm。

5.1.2 茶园铺草

于春茶结束后进行茶园行间铺草，厚度10cm～15cm，以利于调节地温，抑制杂草生长，减少水土流失。

5.2 施肥

5.2.1 施肥时期

在3月中旬施催芽肥；在6月上旬到8月下旬期间施追肥；在9月下旬施

基肥。

5.2.2 肥料种类

基肥主要为腐熟后的农家有机肥或商品有机肥配合部分无机（矿质）肥料或微生物肥料，追肥主要为腐熟后的有机液肥或硫酸钾复合肥加尿素，应符合NY/T 5018规定。

5.3 病虫害防治

以农业防治、生物防治、物理防治为主，必要时采用化学防治，严格按照NY/T 1276、GB/T 8321的要求控制施药量与安全间隔期。

5.4 茶树修剪

根据茶树树龄、长势和修剪目的分别采用定型修剪、轻修剪、深修剪、重修剪、台刈等方法，培养树冠，复壮树势。修剪在3月中旬进行。茶树速成高产茶园一般经过两次定型修剪进入投产期，幼龄茶园"以采代剪，培养茶蓬"，控制茶蓬高在45cm～70cm。

5.5 越冬管理

投产茶园宜采用浇足越冬水、茶行铺草、蓬面盖草、搭风障等方法进行越冬管理。也可用塑料薄膜覆盖，也可建立冬暖式大棚，以防茶树冬季冻害。覆膜的应从"春分"时节前后开始两头通风，"清明"前后撤除，以防温湿度过高影响茶树正常生长。

三、海青茶全产业链关键要素

围绕海青茶全产业链标准化，进行关键要素分析，提出关键要素清单。结合标准化对象发展的实际状况、产业特性、技术条件和资源条件，合理设置相关要素的指标范围（图6-1）。

1. 产业环节

分产前、产中、产后三大环节。

2. 要素分类

一级要素19项。其中，产前环节7项，分别为茶园环境、种质资源、品种苗木、越冬防护、肥料投入品、病虫草害防治、耕作与修剪；产中环节5项，分别为鲜叶采摘与管理、茶叶加工、加工过程、提升品质、品质检验；产后环节7项，分别为包装标识、保鲜贮藏、物流配送、产品追溯、品牌营销、茶文化传承与创新、产业保障体系。

二级要素52项。其中，产前18项，分别为环境空气、土壤质量、灌溉用水、种质数据库构建、种质资源评价、种质资源鉴定、种质资源创新利用、品种繁育与培优、品种质量等级、品种选择与布局、越冬防护棚架规格、茶树越冬覆盖材料、肥料采购与贮运、肥料施用、农药采购与贮运、农药使用、茶园耕作、茶树修剪；产中13项，分别为鲜叶采摘、鲜叶贮存、验收与分级付制、厂区环境、厂房及设施、加工设备与管理、加工技术参数要求、工艺流程、制茶技师、质量管理、风味指标、品质指标、安全指标；产后21项，分别为包装设计、标签内容、包装形式与材料、保鲜技术要求、贮藏场所、储藏条件、运输工具、生产记录、产品合格证、追溯信息与追溯码、产品认证、市场信息、宣传展销、销售道路、培育企业品牌、打造区域公用品牌、北茶技艺传承与创新、丰富海青茶文化、资金保障、政策支持、科技创新。

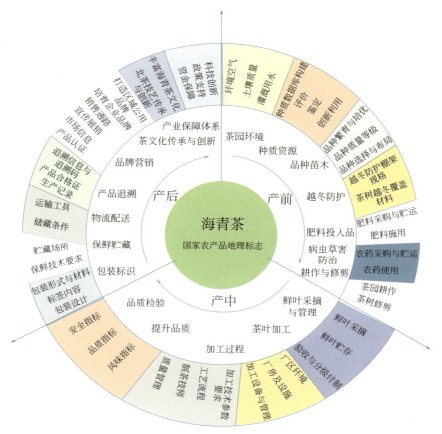

图6-1 海青茶全产业链生产关键要素

四、海青茶标准综合体架构

以海青茶产品为主线，以强化全程质量控制、提升全要素生产率、促进产业融合发展为导向，系统考虑全产业链标准化相关要素，兼顾多层次标准应用需求，优化标准体系间与标准体系内各项标准的配套性、协调性，提高标准化实施主体的用标能力，最终集成与海青茶区域生产模式相配套、功能完备的农产品全产业链标准综合体，确保标准集成的全面性、标准实施的可操作性、效果评估的科学性和绩效评价的客观性。

主要包括种质资源、茶园建设、品种苗木、茶园管理、鲜叶管理、茶叶加工、加工过程、品质检验、包装标识、保鲜贮藏、物流配送、产品追溯、品牌营销、茶文化传承与创新、服务体系保障等要素（图6-2）。

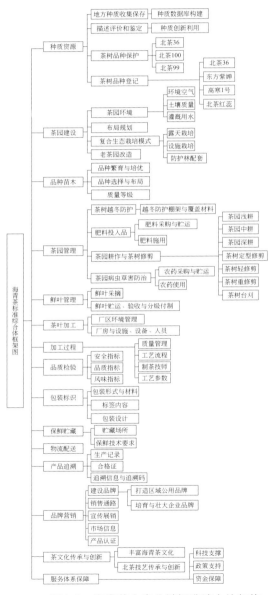

图6-2 海青茶全产业链标准综合体架构

第七章
数字海青茶

农产品地理标志　海青茶

第一节
数字农业技术体系

一、数字农业的概念

数字农业（Digital Agriculture）是用现代工业生产的组织方式、管理理念和先进技术来发展现代农业，形成的一种新的农业业态，它以"信息+知识+智能装备"为特征，亦称农业4.0。

数字农业作为农业发展的高级形态，以农业全产业链的数字化信息为生产要素，以数字技术为核心驱动力，以物联网、大数据、人工智能、区块链和基于互联网的服务为重要载体，对农业对象、环境和全过程进行可视化表达、数字化设计、信息化管理，是推动农业高质量发展的重要方式。随着科学技术进步与创新步伐不断加快，以及城乡居民消费结构不断升级，优质农产品和服务需求快速增长，未来农业发展将以数字农业作为优先发展方向，着力构建农业农村数字资源体系，着力推进重要农产品全产业链大数据建设，把互联网、大数据、遥感、人工智能等现代信息技术广泛应用于农业发展全过程，推动农业经营增收、流通效率提高和产品质量提升，让农民群众有更多获得感、幸福感、安全感。

二、数字农业技术支撑

大数据技术、物联网技术、区块链技术、人工智能技术、移动互联网技术、云计算技术等的运用,作为"数字海青茶"建设的技术支撑。

1. 大数据技术

大数据(Big Data)概念最早是由美国EMC公司于2011年5月提出的。大数据是指以容量大、类型多、存取速度快、应用价值高为主要特征的数据集合,正快速发展为对数量巨大、来源分散、格式多样的数据进行采集、存储和关联分析,从中发现新知识、创造新价值、提升新能力的新一代信息技术和服务业态。

在海青茶产业产前、产中、产后各个环节推广应用大数据技术,建立农产品质量追溯系统,归集生态环境、生产资料、生产过程、市场流通、加工储藏、检验检测等全程数据汇聚、共享和信息系统大数据分析功能,实现信息可查询、来源可追溯、责任可追究。

2. 物联网技术

物联网(Internet of Things)是不同传感器之间按约定的协议进行信息交换和通信,以实现物品的智能化识别、定位、跟踪、监控和管理的一种网络。从技术特点来看,物联网技术的主要作用是"感知"。因此物联网技术比较适用于监测类业务,特别是对自然环境和人造物品的自动监测。

简单地说,物联网就是通过传感器联网以实现物与物之间的通信,旨在应对万物互联时代,物联网技术将是数字化应用的核心应用之一。通过物联网设备能够准确、实时地获取茶叶种植基地气象、土壤、长势、病虫害等数据,以及加工、包装等过程相关的数据信息,这些数据将作为茶叶产业数据的重要组成。

3. 区块链技术

区块链（Block Chain）有狭义和广义之分。区块链是由多个参与方共同记录和维护的分布式数据库，该数据库通过哈希索引形成一种链状结构，其中数据的记录和维护通过密码学技术来保护其完整性，使得任何方难以篡改、抵赖、造假。从狭义来讲，区块链是一种按照时间顺序将数据区块以顺序相连的方式组合成的一种链式数据结构，并以密码学方式保证的不可篡改和不可伪造的分布式账本。从广义来讲，区块链技术是利用块链式数据结构来验证与存储数据、利用分布式节点共识算法来生成和更新数据、利用密码学的方式保证数据传输和访问的安全、利用由自动化脚本代码组成的智能合约来编程和操作数据的一种全新的分布式基础架构与计算范式。

（1）区块链的主要特点

① 自治性：没有中心节点，不依赖第三方管理机构；

② 难篡改：数据全网传播和同步，篡改成本极高；

③ 可信任：由对人的信任变为对机器的信任；

④ 可追溯：区块按时间顺序线性连接；

⑤ 智能化：智能合约可以执行复杂的业务逻辑；

⑥ 隐私性：运用加密技术保护用户身份或其他隐私信息；

⑦ 容错性：不会因为某个节点而影响整个系统的功能和安全。

（2）区块链的技术应用　　以开展农产品生产、加工、销售的全链条建设为目标，利用区块链数据"不可篡改""可溯源""可验证"等技术，通过基地建设、系统集成等建设，实现从种植、采摘、加工、包装、仓储、物流到交易的各种数据链公开、透明、可视。

区块链平台通过结合区块链技术手段和区块链治理思想的方式，实现了区块链在溯源中的重大价值,并通过区块链技术的不可篡改特性建立信用平台体系,为"海青茶"茶叶追溯建设提供底层技术支撑。

技术方面,通过区块链为实现茶叶产业链追溯信息的闭环与可信提供了很好的技术基础,保障了数据的真实可追溯。

应用方面,智能合约在应用层面会为帮助解决溯源的关键问题,提供更加有价值的信息和服务。

"海青茶"茶叶追溯利用分布式记账技术,在每个节点复制并保存一个分类账本,且每个节点都可以进行独立更新。分类账的更新由每个节点独立构建和记录,共识一旦达成,分布式分类账就会自行更新,分类账最新的商定版本将分别保存在每个节点上,完成全程监管(图7-1)。

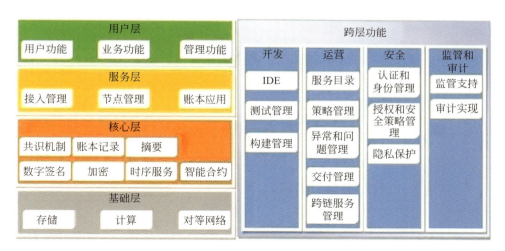

图7-1 海青茶区块链底层架构

(3)区块链应用优势

① **可信物联网应用**:根据实际采样特点,在前端感知设备采用可信物联网生态区块链模组,在设备终端采集数据后,区别传统通过中心化业务平台数据上链方式,改为源头数据直接上链,最大程度保证数据的真实性、有效性。

②**数据确权**：在各数据采集层嵌入数字身份，规避虚假操作，进行数据确权，责任到人。如生产环节，企业主或者操作人一旦将产品关键环节的生产信息上传到平台，区块链存证技术就在此环节中加密存储了人员、时间、事件，做了不可篡改存储，因此可以进行数据确权。同理，产品加工信息、政府审计信息、流通信息、销售信息、消费者查询信息等环节同样可借助区块链做到明确的数据确权。

③**产品溯源**：产品溯源是指将茶叶产业链相关人员从种植、加工、包装、储运、销售建立全产业链可闭环的溯源管理，借助区块链技术，可以通过透明的供应链体系，保证各个环节信息真实可靠，从而打造让消费者放心、可信的茶叶产业质量追溯体系。

④**全程留痕**：利用区块链信息不可篡改的技术特性，所有重要节点信息一旦上链，具有不可篡改性，一旦某个节点私自修改数据，均可以通过区块链节点数据的回溯来查证，这样确保信息记录的完整性和安全性。

⑤**精准追责**：结合信息数字身份，定位信息上传设备或操作人员，一旦将上传的信息通过分布式账本的方式存储于各个节点上，就非常明确地定位了责任人，将来产品出现问题，基于此追溯链信息，就可以快速地倒追到责任人，从而辅助监管单位定责、追责。

4. 人工智能技术

人工智能（Artificial Intelligence，AI）亦称智械、机器智能，指由人制造出来的机器所表现出来的智能。通常人工智能是指通过普通计算机程序来呈现人类智能的技术。AI的核心问题包括建构能够跟人类相似甚至超卓的推理、知识、规划、学习、交流、感知、移物、使用工具和操控机械的能力等。

机器学习是一门多领域交叉学科，涉及仿生学、认知心理学、概率论、统计学、逼近论、凸分析、算法复杂度理论等多门学科。基于AI技术的主要茶树植株识别、病虫害识别、气候感知、茶树种植及加工知识个性化推荐等，建立海青茶数字农业。

5. 移动互联网技术

移动互联网指由蜂窝移动通信系统通过移动终端接入互联网，用户可以随时随地接入互联网，以获得互联网上丰富的数字内容和服务。目前，微博、微信和移动客户端（APP）是移动互联网的典型应用，简称"两微一端"。

第五代移动通信技术（5G）是最新一代蜂窝移动通信技术，5G的性能目标是高数据速率（比4G快100倍）、减少延迟（低于1ms）、节省能源、降低成本、提高系统容量和大规模设备连接。随着移动互联网的发展，会有越来越多的设备接入移动网络中。5G超大网络容量，提供超强设备的连接能力，满足物联网通信，解决高效管理各个网络、简化操作、增强用户体验的问题。

6. 云计算技术

云计算（Cloud Computing）是商业化的超大规模分布式计算技术，即用户可以通过已有的网络，将所需要的庞大的计算处理程序自动分拆成无数个较小的子程序，再交由多部服务器所组成的更庞大的系统，经搜寻、计算、分析之后将处理的结果回传给用户。大数据必须采用分布式架构，对海量数据进行分布式数据挖掘，因此必须依托云计算的分布式处理、分布式数据库，以及云存储、虚拟化技术。

第二节
数字海青茶体系架构

为加强海青茶产业数字化建设，推进数字技术与海青茶产业发展深度融合，充分发挥数据基础资源和创新引擎作用，围绕海青茶地理标志农产品种质资源提升保护、生态茶园、生产加工、供应链管理、茶文旅、品牌打造等方面，创新构建"1+2+3+N"海青茶产业数字化体系（图7-2），即1个数字产业云服务平台+2个中心+3个标准体系+N个应用系统，全面建设数字评估、数字评价、数字决策、数字指导、智能控制的赋能机制，以数字赋能产业发展，实现现代农业产业业务移动化、数据产品化、分析可视化、管理云计算化、业务融合化，提升海青茶地理标志农产品数字农业水平，提升产业价值，为乡村振兴提供有效的数字化支撑（图7-3）。

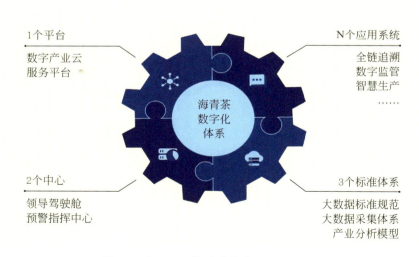

图7-2　"1+2+3+N"海青茶产业数字化体系

第七章 数字海青茶

图7-3 海青茶产业数字化体系架构

农产品地理标志　海青茶

第三节
数字海青茶建设

以全方位把握海青茶全产业链数据资源为目的，建立"数字茶园""数字生产""数字供应链""数字展示"四大海青茶数字化体系，可为生产经营、市场指导、监管服务、决策分析提供多维度、多场景的精准预测、精准预警、精准管理和品牌建设服务，达到"用数据说话、用数据决策、用数据管理、用数据创新"的目标，实现数字赋能海青茶品牌建设。最终，海青茶产业劳动生产率提高50%以上，单位面积产量效益提升10%以上，水、肥、药等农业投入品使用及碳排放能耗当量降低10%以上。

一、海青茶数字茶园

在茶树种植基地内安装智能小型气象站、病虫害监测设备和摄像头，实现农业气象、土壤墒情、病虫害和视频等数据的实时采集，并实现数据异常的智能预警，为数字茶园的标准化生产提供精准的数据指导。

1. 气象环境监测系统

茶树种植主要以户外种植为主，在种植区域的关键位置部署智能户外气象站（图7-4），对种植区域内的风速、风向、空气温度、湿度、降雨量、光合有效辐射、土壤墒情等环境参数进行有效的监测，为管理员提供科学的气象、土壤数据。采集的数据会实时上传到云服务器上，通过云平台可以查看实时环境采集信息、设置环境数据异常智能预警、查看数据趋势分析、追溯查看历史数据等。

第七章　数字海青茶

图7-4　数字海青茶智能户外气象站

2. 茶园LED大屏数据显示系统

在茶园大门或显眼位置定制安装，可以展示整个茶园气象和墒情环境监测实时数据，方便管理人员的现场了解、判断和反馈，也利于参观人员的直观游览。茶园的种植环境，由看不见的感觉转换为生动直观的数据。LED显示屏采用无线和手机网络两种方式进行数据接收，适用长距离的数据接收，打破接收范围的限制，实现不限地点的LED显示屏展示部署（图7-5）。

图7-5　数字海青茶园LED数据展示大屏

3. 茶园可视化视频监控系统

在茶园露天区域架设高清云台摄像机球机，360°旋转，用于观测基地整体视频图像。基于网络技术和视频信号传输技术，对茶树生长状况进行全天候视频监控。该系统由网络型视频服务器、高分辨率摄像头组成。网络型视频服务器主要用以提供视频信号的转换和传输，并实现远程的网络视频服务。通过全天候监控生产区域，可随时远距离查看基地内种植情况，使管理者快速应对现场突发情况（图7-6）。

图7-6 数字海青茶可视化视频监控系统

4. 病虫害监测预警系统

为种植区集成虫情预报监测系统，系统由前端虫情采集设备和后台远程信息处理平台组成。利用害虫的趋光天性，对害虫进行诱杀，并利用内置超高清摄像头对储虫盒的虫体进行拍照。通过无线网络即时将照片发送至远程信息处理平台，利用最前沿的图像处理技术，对照片进行分析处理，即可对测报设备每天收集的害虫进行分类与计数，对病虫害进行有效的预警，并生成可视化的专题分析结果,为防治决策提供参考(图7-7)。

图7-7 数字海青茶病虫害监测预警系统

(1)智能虫情分析测报系统 智能虫情测报灯是新一代的虫情测报工具,采用不锈钢材料,利用现代光、电、数控技术,实现虫体远红外自动处理、接虫袋自动转换、整灯自动运行等功能。在无人监管的情况下,它能自动完成诱虫、杀虫、收集、分装、排水等系统作业。智能虫情测报灯可对昆虫的发生、发展进行实时自动拍照,实现图像采集和监测分析,自动上传到远端的物联网监控服务平台,为茶叶产业现代化提供服务,满足虫情预测预报、采集标本的需要(图7-8)。

图7-8 虫情信息自动采集分析终端

图7-9 太阳能物联网杀虫灯

（2）太阳能物联网杀虫灯　在茶园内配置若干太阳能物联网杀虫灯，太阳能物联网杀虫灯是利用害虫趋光性进行诱杀的一种物理防治方法（图7-9）。频振式杀虫灯是利用害虫较强的趋光、趋波、趋色、趋性信息的特性，将光的波长、波段、波频率设定在特定范围内，近距离用光、远距离用波，加上诱到的害虫本身产生的性信息引诱成虫扑灯，灯外配以频振式高压电网触杀，使害虫落入灯下的接虫袋内，达到杀灭害虫的目的。

二、海青茶数字生产与加工

基于大数据、互联网、区块链等现代信息化技术，围绕"生产计划管理、种植管理、投入品管理、加工管理"四方面进行数字化改造，实现海青茶产品的数字化、信息化管理。

1. 生产计划管理系统

生产计划管理系统是企业合理安排产品生产过程的操作与管理，主要包括制订计划、执行计划、完成计划三方面的工作。企业生产计划主要分为田间管理计划、灌溉计划、植保计划、施肥计划、采收计划等方面。具体操作如下（图7-10）。

图 7-10　生产计划管理系统

（1）**计划制订**　企业可将制订的生产种植计划通过电子文档导入、电脑录入及小程序录入等方式，录入系统中。

（2）**计划提醒**　当生产计划录入系统成功后，系统将通过短信和公众平台的方式提醒计划人和执行人生产计划已录入完成。

计划提醒规则：在计划未到执行日前，系统将会在计划执行日前7日或执行日前3日内每日进行计划提醒提示，告知计划人和执行人。消息提醒的同时还附带链接，计划人可通过点击链接实时查看计划内容和计划执行进度条。系统将会以不同颜色标识计划进度，逾期未执行完毕的显示为红色，已执行显示为绿色，执行中显示为黄色。

（3）**计划完成**　当生产计划进度发生改变或生产计划中增加执行记录，完成后，系统都会及时提醒计划人和执行人。

2. 种植管理系统

系统对种植产品的种植过程提供专业和标准的生产档案信息表格,生产档案按照茶树特点、生产标准及企业标准进行定制,按照企业生产批次采集生产档案,实现生产档案数据的完整性,确保企业的每一个生产批次都有据可查。系统实现线上填写档案,以电子档案的形式进行保存,以有效地防止数据丢失。主要包括基地管理、除草管理、灌溉管理、施肥管理等。

(1)基地管理 基地管理是对基地基本情况的统计,具体有基地名称、基地管理人、基地历史情况、基地风险管理等方面。基地管理中的农事档案、投入品采购使用记录和其他基础管理的信息数据,将通过电子文档录入、电脑录入、小程序录入、专业手持设备录入等方式,记录到系统中(图7-11)。

生产管理系统首页　　　基地历史信息记录　　　基地历史信息添加

图7-11 种植管理系统——基地管理

(2)除草管理 除草是茶树种植过程中必不可少的环节,需要采集的信息有除草时间、负责人、除草方式等。

(3)灌溉管理 灌溉管理是对灌溉方式、水量、次数、地块号、灌溉日期等的管理(图7-12)。

图 7-12　种植管理系统——灌溉管理

（4）施肥管理　施肥管理是对茶树种植过程中所投入的农家肥、化肥等使用情况的管理。在该环节，需要采集施用肥料名称、肥料数量、施用规模、负责人等（图 7-13、图 7-14）。

图 7-13　种植管理系统——施肥管理

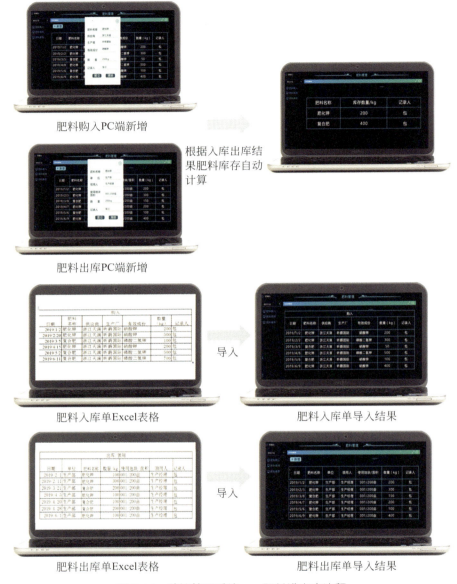

图7-14 种植管理系统——肥料进出库流程

（5）病虫草害防治管理 病虫草害防治信息主要涉及茶树种植的病虫草害防治措施以及药物使用、管理信息，主要包括病虫草害名称、发生时间、防治方式、防治措施、是否使用化学产品等（图7-15）。

图7-15 种植管理系统——病虫草害防治管理

（6）**采摘管理** 采摘管理主要是确定茶叶采摘过程中采摘的时间、数量、方式（人工或机械）等信息，保证在产品信息流通的过程中能够查询到产品的采摘信息（图7-16）。

图7-16 种植管理系统——采摘管理

（7）**采后处理** 为区别其他未授权使用"海青茶"地理标志的地产海青茶，便于追溯管理，需要进行采后处理。采后处理信息主要有处理时间、处理方式、负责人等（图7-17）。

图 7-17　种植管理系统——采后处理

3. 投入品管理系统

农业投入品是农业生产过程中所投入使用的各类农药、肥料、农膜、植物生长调节剂等，对农业生产起到巨大作用。投入品管理是对农业生产过程中投入品使用情况的信息管理，具体包括投入品采购信息、领用信息、库存信息、预警提醒及信息统计等方面。

（1）**投入品基础库**　对投入品详细信息进行管理，如投入品登记证号、类别、名称、生产企业、单位、包装关系、销售单价、有效期等，可进行新增、编辑、查看、删除等操作（图7-18）。

图 7-18　投入品管理系统——投入品基础库

（2）**采购管理**　对投入品采购信息进行登记，包括采购的品目名称、规格、采购量、生产企业、登记（许可）证号、生产许可证号/生产批准文件号、产品标准号、生产日期/批号、有效成分含量等（图7-19）。

图7-19　投入品管理系统——采购管理

（3）**库存管理**　对投入品进行库存信息自动统计管理，以方便实时监控和了解企业投入品结存信息情况。统计信息有库存量、库存种类等（图7-20）。

图7-20　投入品管理系统——库存管理

（4）**使用记录**　分类查看投入品使用记录的相关信息（图7-21）。

图7-21　投入品管理系统——使用记录

4. 加工管理系统

通过视频监控设备和加工管理系统，实时监管茶叶加工工艺的每个环节，建立加工管理档案，确保企业产品的每一个加工批次都有据可查。从而提升人员操作的准度和精度，保障产品品质。主要包括萎凋管理、炒制管理、烘干处理及分筛分级管理等（根据具体加工工艺定制加工管理内容）。

（1）**萎凋管理** 茶叶萎凋是初步加工过程，使茶叶少量失水，便于内含物的转化，是杀青前的重要工序。萎凋管理信息有处理时间、操作人员、处理方式、环境温（湿）度、时长等（图7-22）。

图7-22 加工管理系统——萎凋管理

（2）**炒制管理** 炒制需要手工完成，整个炒茶过程通常分为青锅、回潮、辉锅三个阶段。炒制管理信息有各阶段的处理时间、操作人、处理方式、处理器具、处理数量、温度等。

（3）**烘干处理** 烘干处理是茶叶加工中炒制后进行的一步。采集的信息有处理时间、操作人员、处理方式、温度、数量等（图7-23）。

图7-23 加工管理系统——烘干处理

（4）**分筛分级管理** 炒好的干茶经过烘干处理后，用不同孔径的茶筛分出不同等级的茶，把各级各筛号茶按筛号同级的归在一起。采集的信息有处理时间、操作人、处理方式、处理器具、茶叶等级、处理数量、温度等。

（5）**视频监控** 在加工车间安装视频监控设备，可以实时记录茶叶加工过程，支持视频回放、远程监控。同时，视频监控设备可以与追溯平台无缝对接，为产品追溯与监管提供视频数据。

三、海青茶数字供应链体系

1. 标准前置

建立海青茶茶叶采摘标准、分级分选标准、加工工艺标准，确保海青茶茶叶的采摘、分级分选、加工的标准化操作。

2. 海青茶备案管理系统

根据海青茶质量安全管理需求，对企业及其产品进行综合评估，实现对企业及生产基地基本信息、产品信息、供货能力、品质管控能力、仓储物流能力、信誉等的信息备案，为政府监管部门提供基础数据支持，为管理决策提供帮助（图7-24）。

图7-24　备案管理系统

（1）企业品牌备案申请　　农业经营主体须根据相关规定及要求在品牌授权管理系统中提交品牌授权申请表，包括企业基本信息（营业执照、组织机构代码证、法人身份证、商标注册证、税务登记证等）、生产能力信息、供货能力信息等，品牌申请表填写完成后提交监管部门审核。

（2）品牌申请准入审核　　准入审核管理模块主要完成了监管部门行政审批业务的网络审批，实现了在线实时互动，在完成备案审批事项流程化、电子化的同时，构建了统一的企业、产品、供货能力信息库。不仅满足了行政审批的需要，也为海青茶质量安全管理工作提供了及时有效的决策辅助。

受理：本环节的处理结论分为受理、不予受理、补正资料。

现场检查：可能需要现场检查的事项包括生产能力备案、供货能力备案申请。本环节将根据需要决定是否需要现场检查，录入现场检查的相关信息及检查结果意见（是否通过检查或者需要整改）。现场检查通过后，若符合要求，予以备案，否则不予备案。

资料审查、审核、审批：在相关用户备案通过后，根据办理的不同业务，系统将生成相应的文件及档案，并公示结果。

（3）品牌授权管理　对通过备案审批的企业，监管部门予以颁发对应的品牌授权证书，以及允许企业在其产品上粘贴的品牌标识，并可通过该管理系统查询企业获证情况与企业的生产、供货能力。

（4）品牌授权证书管理　获得品牌授权证书的企业用户可进行证书注销、证书变更和年审等操作；监管用户可对企业证书进行证书暂停、撤销、注销等操作。

3. 检测管理

采用"基地自检+第三方检测+政府抽检"三位一体的检测体系为产品质量安全进行安全背书，确保基地每个批次产品都通过自检，为每个批次产品建立数字检测档案，并同时展示出与同类产品的品质及营养价值的对比分析表。

4. 包装管理

建立统一、规范的海青茶品牌包装管理体系，对茶叶包装信息进行管理，包括包装时间、包装人员、包装数量、包装规格、包装材质等信息（图7-25）。

图7-25　包装管理

5. 储存管理

通过扫码枪扫描包装盒上的追溯标签，进行出入库管理，主要包括仓库名称、入库时间、入库批次、入库量、出库时间、出库批次、出库量等信息（图7-26）。

图7-26　储存管理

6. 质量安全监管系统

本系统供农业监管部门使用，主要是对生产企业的生产、加工、销售等全链条进行全面的监督管控。主要负责本辖区内质量安全追溯信息管理，需具备痕迹化管理、审核、质询、冻结等功能，可根据监管需求、农产品实际情况进行追溯环节的个性化配置，具体实现对生产经营主体信息的备案管理、投入品监管、产品批次信息（生产及加工、销售）的监管、追溯标识的码段审核与发放、产品召回、下级单位（包括相关企业）的工作督查。

（1）监管设置　在农牧产品质量安全监管系统中，可对系统进行设置，便于政府部门进行监督管理。

①监管角色：监管员是农业监管机构级别的用户。监管角色具有如下功

能：投入品监管、生产监管、企业监管、查询管理（开通查询、禁止查询）、对填写的生产档案信息进行质询、查看质询、外审管理、生成统计报表、查看报表。系统对监管角色进行权限分配，上级监管可以查看所有系统信息，下级监管只可操作管理职权范围内的内容。

②监管树形组织架构：系统可实现县、乡镇、企业多级监管组织架构。通过权限分配，县、乡镇、企业多级根据级别、职能和所辖区域进行监管，机构组织架构可灵活进行配置（图7-27）。

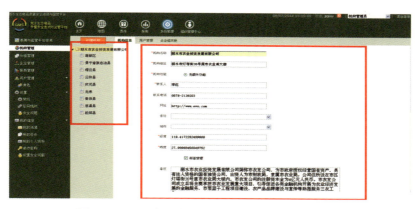

图7-27　质量安全监管系统——监管树形组织架构

③核心监管信息点的设置：纳入监管体系的企业类型和产品的多样性，会使企业追溯信息和生产档案表单有不同的具体要求。因此，本系统支持追溯表单自定义功能，提供图形化界面，直接设计监管信息安全表格。包括但不限于：企业信息管理安全表格、企业证照管理安全表格、监督巡查管理安全表格、添加剂管理安全表格。

（2）电子地图管理　模块基于电子地图技术，以基地列表、云麻点图展示，监管单位可便捷地查询到辖区内农业企业的地理位置布局及基本信息。

（3）企业监管　可查询企业的详细信息和产业类别，可通过搜索栏直接搜索，监管企业的相关信息。为便于监管部门的监管，也可按照区域、产业、类别进行分组,分别进行监督管理。

①企业信息分区域、产业监管:模块实现按区域、产业进行企业信息监管,并且可根据企业名、企业类型、录入人进行高级检索,可管理企业基本信息、基地信息、物资信息、检测信息等(图7-28)。

图7-28 质量安全监管系统——企业信息分区域及产业监管

②企业信息分类别监管:系统可实现将同一企业归属到不同企业组、不同的产业,企业组再关联到相应机构,降低机构与企业之间的耦合性(图7-29)。

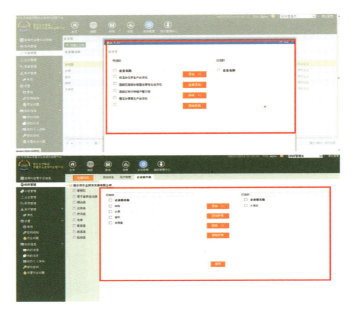

图7-29 质量安全监管系统——企业信息分类别监管

（4）生产监管　可针对批次、组织架构（区域）、表单类别（检测信息、用药信息、施肥信息、灌溉信息等）进行生产档案信息管理，且能够根据批次号、表单名称、生产环节名称、企业组进行高级检索（图7-30）。

图7-30　质量安全监管系统——生产监管

①信息审核：提供关键信息审核功能，可对信息进行审核通过、不通过、需原件对比等操作，并可对有疑问的信息创建质询，进行问题处置（图7-31）。

图7-31　质量安全监管系统——信息审核

②**系统自动核查**：通过设置农牧产品质量关键管控节点的标准指标，以及投入品违禁品目，系统将会参照这些指标对企业采集的农事信息数据进行自动核查，对各类信息中的安全隐患自动预警，提出各类质询（图7-32）。

图7-32　质量安全监管系统——系统自动核查

③**质询功能**：在信息审核等所有页面提供质询功能，便于发现问题及时处理。质询功能提供质询原因的填写，提交后自动流转到企业，企业进行问题处理（图7-33）。

④**冻结功能**：监管人员对追溯信息进行此项操作后，农业企业将不能进行任何追溯信息的修改等操作，但可以回复质询（图7-34）。

图7-33　质量安全监管系统——质询功能

第七章 数字海青茶

图 7-34 质量安全监管系统——冻结功能

⑤锁定功能：监管人员对追溯信息进行此项操作后，农业企业将不能进行任何追溯信息的修改等操作，同时质询也不能回复（图 7-35）。

图 7-35 质量安全监管系统——锁定功能

⑥痕迹化稽查：监管人员可采用痕迹化稽查来核查企业在模块平台内记录农事信息的记录痕迹，包括其每次信息修改的时间、账号和内容（图 7-36）。

227

农产品地理标志　海青茶

图7-36　质量安全监管系统——痕迹化稽查

图7-37　质量安全监管系统——任务功能

⑦任务功能：系统提供协同任务功能，在发现重大问题时可进行协同执法或对企业发起整改任务，可设置任务优先级、逾期时间，并可添加任务附件，描述任务具体内容，选择相应企业或者机构进行任务提交。企业或者机构收到任务后，企业负责人需要针对问题隐患及监管流程的缺失与不完善处进行研究分析，整改完善并回复（图7-37）。

（5）准出管理　产品进入市场销售前，需进行产品准出审核。监管人员需对企业提交上来的产品准出信息进行审核，包含产品名称、生产基地、数量、检测情况等，出具承诺达标合格证，判断是否予以准出（图7-38）。

228

第七章 数字海青茶

图7-38 质量安全监管系统——准出管理

（6）产品召回 当发生食品安全问题时，监管人员可通过产品追溯码查询相关信息，以快速明确产品质量安全事件发生的环节，锁定质量问题源头，提出召回申请，及时进行审核和排查，追踪产品流向，对问题批次进行正向追踪和逆向追溯，以加强对农业生产过程及产品质量安全的全过程监管、监测和预警。

7. 产品标签管理系统

海青茶追溯标签管理系统用于规范品牌标签的申请、分配和发放的流程（图7-39），使其规范化、有序化运转。

图7-39 追溯标签使用流程

229

整个系统中包括标签在线申报管理（企业用户）和标签在线审核（监管用户）两大功能模块。

（1）**标签申请**　企业用户根据企业产量确定标签数量，在系统内进行标签订单在线申请，并提交至监管用户进行审核。

① **商品规格**：企业在进行标签订购时，需提供所订购标签产品的商品名称、商品规格及样品图片，企业在本栏目内可进行商品的创建以及样品照片上传、修改、删除，为企业标签订购提供基础依据，并供标签管理员浏览和图片下载。

② **订单管理**：企业在本栏目内进行在线订单信息的填写并提交。提交后，企业可随时查看订单处理的状态，了解订单处理的进度情况。

（2）**订单审核**

① **标签规格**：监管用户可根据本地的需求，对监管所涉及的标签规格进行管理，操作包括新建、删除、修改、查看。

② **商品浏览**：企业申请的商品会形成栏目表单，对监管下所有企业创建的商品进行浏览，并可进行图片下载。当列表内信息较多时，可根据条件进行检索。

③ **标签库存**：实时查看系统内各规格标签可用数量，了解各规格标签的库存数量，系统列表内将显示标签剩余量及对应的身份起止码。

④ **订单管理**：系统显示企业提交订单后，监管端标签管理员可查看企业提交的所有订单信息，并对企业在线提交的申请订单进行在线审核。

审核通过指订单通过人工审核，可进入分配阶段；审核不通过指订单因某种原因，未通过人工审核，可在备注框内，加入审核不通过的原因。若订单列表的审核状态自动更新为人工审核不通过，在该企业界面，企业可对人工审核不通过的订单重新修改并重新提交。

⑤ **标签分配**：对通过审核的企业订单进行码段分配，分配完成后的身份起止码段在列表内显示。系统具有数据导出功能，可对子订单数据进行单个或者批量导出。

⑥ **标签退订**：对已分配的企业订单进行码段及占用产量的退订。订单列表退订后，订单占用的产品产量和标签库存被自动退回。

⑦ **分配历史**：系统内所有的标签分配历史可被查询搜索，标签管理员对所有分配的订单列表进行查看。

四、海青茶数字展示

数字展示平台基于前期收集到的各种基础数据，通过图表的形式展现出来，帮助企业进行决策分析。主要包括溯源展示和大数据展示两部分内容。

1. 溯源展示

消费者可通过电话语音、网站、二维码扫描、触摸屏查询终端等途径，凭借产品身份码进行质量安全保障信息查询，识别商品的品种、等级、质量等品质信息，以及质检机构的检测数据。系统从商品背后的故事、生产基地、采摘体验、物流体验、可追溯、供应链可视化等维度全程展现，打造消费信任桥梁，实现放心消费与忠诚营销。品牌故事让消费者主动接受品牌输入，人（物）+过程，让消费者形成品牌的认知。

（1）**电话语音查询** 通过语音数据库与语音播报软件，将人工录制的语音内容与软件进行整合，消费者拨打专用的电话查询号码后，输入身份条码信息，自动语音服务将对追溯信息进行播报，系统提供产品及企业信息查询。

（2）**Web查询** 建立追溯查询网站，网站对特色产品的基本情况进行展示，对企业的信息与多媒体内容进行展示。网站内包括追溯信息查询模块，在

农产品地理标志　海青茶

首页上有明显的质量安全保障信息查询窗口。通过输入身份号码，点击查询按钮，可以查询到追溯产品的企业信息、产品信息、批次信息与生产档案信息等全部内容（图7-40）。

图7-40　Web端溯源查询

（3）二维码查询　消费者可以通过手机等扫描工具对特色产品的二维码进行扫描，可以查询到追溯产品的企业信息、产品信息、批次信息、生产档案、保质期和检测信息等全部内容（图7-41）。

图7-41　移动端溯源查询

（4）触摸屏及其他终端查询　在超市或者批发市场等场所，消费者可以通过触摸屏及其他终端进行产品查询，可以查询到特色产品的生产企业信息、产品信息、批次信息与生产档案信息等全部内容（图7-42）。

图7-42　终端溯源查询

2. 大数据展示

通过"数字茶园""数字生产""数字供应链""数字展示"四大数字化体系汇聚的数据资源，产品大数据，包括生产主体数据、海青茶认证数据、投入品数据、农业生产数据、气象数据、视频数据、销售数据、海青茶追溯数据、检测数据、追溯数据等，以饼状图、柱形图、地图等综合形式进行数据展示，为业务工作及领导决策提供强大的信息保障。

（1）溯源一张图　对企业电子地图、基地分类及统计、行业分类统计、生产区面积统计、扫码概况等情况进行综合展示。

（2）企业数据分析　统计全域从事海青茶生产经营的种植企业、种植户、专业合作社、家庭农场、农技专家、加工厂等产业相关主体信息。

（3）生产数据分析

①生产过程分析：对生产过程的相关数据进行分析。

②视频监控：将生产基地视频接入系统中，实时查看生产基地的基本情况。

③产品认证分析：对本地的海青茶产业"三品一标"认证数据进行分析（图7-43）。

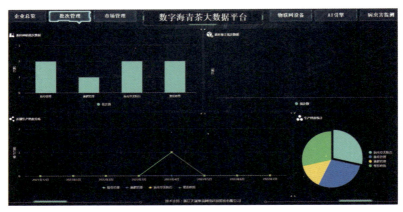

图7-43　产品认证分析一张图

④产品产量分析：对海青茶产量数据进行统计分析展示。

⑤投入品分析：对投入品使用数据进行记录分析展示。

⑥环境监测分析：对物联网设备上传的环境监测数据进行实时监控展示。对区域内的气象数据进行统计分析，包括风速、空气温度、雨量、日照时量、大气压力等，根据时间轴进行动态曲线显示（图7-44）。

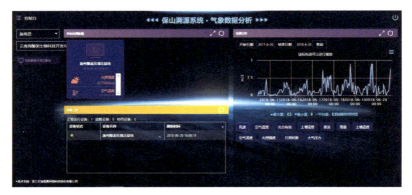

图7-44　环境监测分析一张图

第七章　数字海青茶

（4）检测数据　能自动统计各中心、企业的检测结果及各级检测机构数据，按要求生成检测结果统计表（图7-45）。

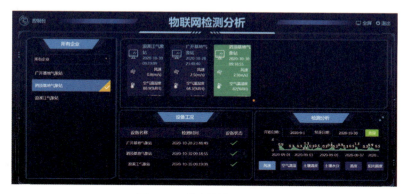

图7-45　检测数据一张图

（5）消费者交互数据　对产品线上线下销售的各项数据进行统计分析，包括重点销售城市、销售渠道、销售走势等（图7-46）。

图7-46　消费者交互数据一张图

参考文献

[1] 中国大百科全书总编辑委员会农业编辑委员会. 中国大百科全书：农业[M]. 北京：中国大百科全书出版社，1990.

[2] 林香坤. 青岛茶栽培与加工实用技术[M]. 北京：科学技术文献出版社，2017.

[3] 张志刚. 齐鲁茶文化研究[M]. 青岛：中国石油大学出版社，2020.

[4] 梁凤美，刘冉霞，丁立孝. 不同采摘方式加工的海青绿茶生化与香气成分研究[J]. 安徽农业科学，2021, 49(13): 198-202，205.

[5] 顾谦，陆锦时，叶宝存. 茶叶化学[M]. 合肥：中国科学技术大学出版社，2005.

[6] 杨亚军. 茶树育种品质早期化学鉴定——Ⅱ. 鲜叶的主要生化组分与绿茶品质的关系[J]. 茶业科学，1991(2): 127-131.

[7] 张杰，李思漩. 青岛黄岛区茶叶生产机械化发展调研[J]. 山东农机化，2019(5): 33-34.

[8] 陈宗懋. 中国茶经[M]. 上海：上海文化出版社，2001.

[9] 吴有军. 茶叶成分及功效浅述[J]. 农牧产品开发，1997(10): 8-11.

[10] 阮宇成. 茶叶保健研究的回顾[J]. 茶叶，1998, 24(2): 70-72.

[11] 林智，王云，龚自明，等. 绿茶加工技术与装备[M]. 北京：科学出版社，2020.

[12] 刘民乾. 优质茶叶生产实用技术[M]. 北京：中国农业科学技术出版社，2011.

[13] 邹彬，吕晓滨. 优质茶叶生产新技术[M]. 石家庄：河北科学技术出版社，2013.

[14] 朱德焰，吕立哲，金开美. 茶树良种信阳10号提纯复壮技术[J]. 广东农业科学，2012, 39(2): 31-32.

[15] 徐洪海、逄安、张续周，等. 农产品地理标志 海青茶. T/CAI 145—2021[S]. 北京：中国农业国际合作促进会，2021.

[16] 徐洪海，张续周，逄安，等. 海青茶种植技术规程. T/CAI 144—2021[S]. 北京：中国农业国际合作促进会，2021.

[17] 政府数字化转型理论与实践编写组. 政府数字化转型理论与实践[M]. 北京：中共中央党校出版社，2020.

[18] 张太宇. 农产品网店运营实用技术[M]. 北京：北京邮电大学出版社，2020.

[19] 李世恩. 日照市茶叶志[M]. 北京：方志出版社，2021.

[20] 山东省胶南县史志编纂委员会. 胶南县志[M]. 北京：新华出版社，1990.